真宗学シリーズ❻

真宗聖典学①

浄土三部経

信楽《しがらき》峻麿《たかまろ》

法藏館

真宗聖典学①浄土三部経　真宗学シリーズ6＊目次

凡　例

一、引用文献、および本文の漢字は、常用体のあるものは、常用体を使用した。

一、引用文献は、以下のように略記する。

『真宗聖教全書』……………………………「真聖全」

『大正新修大蔵経』…………………………「大正」

真宗聖典学①

浄土三部経

真宗学シリーズ6

装丁　井上二三夫

第一章　序説

一　浄土三部経の選定

仏教の経典において、阿弥陀仏について教説された経典は数多く存在しております。中国の天台宗、湛然《たんねん》（七一一～七八二）が、

諸教の讃ずるところ多く弥陀に在り。（『止観輔行伝弘決』大正四六、一八二頁）

と明かすところです。その阿弥陀仏の教法をめぐって、それをもっともよくまとめて説いているものは、〈無量寿経〉『観無量寿経』〈阿弥陀経〉の三部です。そこで後世、日本の法然（一一三三～一二一二）が、この三部を選んで『浄土三部経』と呼称いたしました。そのことは、『選択本願念仏集』（真聖全一、九三一頁）に明確に指定しているところです。このような三部経という呼称は、当時の日本仏教界において、すでに法華の三部経（『無量義経』『法華経』『観普賢経』）、大日の三部経（『大日経』『金剛頂経』『蘇悉地経』）、弥勒

の三部経（『弥勒上生経』『弥勒下生経』『弥勒成仏経』）、鎮護国家の三部経（『法華経』『仁王般若経』『金光明経』）などと呼ばれていた経典があったので、法然はそれにならって、浄土の三部経と称したものと思われます。もともとこの浄土の三部経は、すでに中国浄土教においても、曇鸞（四七六～五四二ごろ）が、その『往生論註』で浄土の教法を明かすについて、この三部経に依拠しているところであり、そのことはさらに中国の道綽（五六二～六四五）、善導（六一三～六八一）などによっても継承されてきたところであります。法然が改めて浄土三部経と呼称したのは、そういう中国浄土教以来の伝統を承けたものにほかなりません。

二　浄土三部経の成立とその翻訳

そこでこの『浄土三部経』は、いつごろ、どこで成立し、どのようにして翻訳されたかということですが、そのおよそのところは次のとおりです。

1　〈無量寿経〉の成立とその翻訳

〈無量寿経〉は、今日までの研究では、およそ紀元一世紀のころに成立したものと考えられ、その成立地域については、インドの北西部のガンダーラ地方あたりではないかといわれておりますが、その詳細は不明です。今後の調査、研究をまつほかはありません。

その原本としてのサンスクリット本は、原名はSukhāvatīvyūha（極楽の荘厳）といい、現時点では三十九部が存在するといわれ、そのほとんどがネパールで発見されたものであり、その中でもっとも古いものとしては十二世紀中ごろの写本が伝わっており、あとは十七～二十世紀の写本です。

その翻訳については、漢訳本とその他の訳本があります。漢訳本については合計で十二訳があったと伝えていますが、現存するものは五本です。それらは次のとおりです。

①『大阿弥陀経』―呉・支謙《しけん》訳（二二二～二二三、あるいは二二八～二五三年）
②『平等覚経』――魏・帛延《はくえん》訳（二五八年ごろ）
③『無量寿経』――東晋・仏陀跋陀羅《ぶつだばたら》、劉宋・宝雲《ほううん》共訳（四二一年ごろ）
④『如来会』（『大宝積経』第五会）―唐・菩提流支《ぼだいるし》訳（七〇六～七一三年）
⑤『荘厳経』――宋・法賢《ほつけん》訳（九九一年）
⑥上の五本以外の漢訳〈無量寿経〉（四五〇～五〇〇ごろ）の断片が、近年トゥルファンから出土しております。

なお、上記の①『大阿弥陀経』と②『平等覚経』が二十四願を説くもので、〈初期無量寿経〉に属し、③『無量寿経』と④『如来会』と原本の『サンスクリット本』とが四十八願を説くもので、〈後期無量寿経〉に属し、⑤『荘厳経』は三十六願を説いて別系統に属するものです。

また上記の訳者とその翻訳年代については、従来の伝承とは異なっていますが、それについてはいろいろと疑義があるところで、いまはいちおう藤田宏達氏の見解に従いました。なおまた、その他の訳本としては、チベット語訳（九世紀前半ごろ）、西夏《せいか》語訳（十一〜十二世紀ごろ）などのほか、コータン語訳、ソクド語訳、ウィグル語訳などの断片が発見されており、この〈無量寿経〉が、古くよりアジア文化圏において翻訳され、流布していたことがうかがわれます。

2　『観無量寿経』の成立とその翻訳

『観無量寿経』については、原本としてのサンスクリット本が現存しておりません。漢訳本が一種類のみ存在し、そのほかにはウィグル語訳（漢訳本からの翻訳）の断片があるのみです。この『観無量寿経』の成立年代については、その中で阿弥陀仏について明かすのに、「法蔵比丘の四十八願」（真聖全一、六三頁）と語っているところからすれば、〈後期無量寿経〉以後の成立であることは明瞭です。そしてこの漢訳本は、劉宋の畺良《きょうりょう》耶舎《やしゃ》

（三八三〜四四二ごろ）によって、元嘉初年より同十九年の間（四二四〜四四二）に訳されたといわれております。

しかしながら、この『観無量寿経』については、伝承のようにインドで成立したとする学説もありますが、そのサンスクリット原本およびチベット訳本も存在しないこと、さらには、それがインドにおいて流伝した形跡がないということ、またその内容においても、中国的な性格が濃厚であるというような理由から、インドにおける成立が疑問視されており、今日では、中央アジア撰述説と中国撰述説が主張されております。そしてさらに最近では、その両者の見解を合成した折衷説もだされているところです。そしてまた、この経典は同じ浄土経典といいながらも、その経説の内容は、〈無量寿経〉および〈阿弥陀経〉が明かすところの聞名往名の道とは異なって、観仏（見仏）往生の道と三福往生の道を説くことからすると、それは〈無量寿経〉〈阿弥陀経〉とは、まったく異なった思想を背景として成立したものであると考えられます。そしてさらにまた、この経典において用いられる訳語が統一していないことなどからして、もともと各別であった序分と前十三観（定善）と後三観（散善）の教説が、のちに合揖、編集されて生まれたものではないかという疑義も呈されているわけで、この『観無量寿経』の成立事情をめぐっては、その成立年代とその成立地域をあわせて、今後の研究をまつほかはありません。

3 〈阿弥陀経〉の成立とその翻訳

〈阿弥陀経〉は、今日までの研究によりますと、〈無量寿経〉に先行して成立したものだという見解もありますが、およそ〈無量寿経〉と同じ時代の紀元一世紀のころに、〈無量寿経〉とは異なった思想状況を背景として、成立したものであろうと思われます。

その原本としてのサンスクリット本は、原名は〈無量寿経〉と同じく、Sukhāvatī-vyūha（極楽の荘厳）といい、これは平安時代の初めに、天台宗の円仁《えんにん》（七九四〜八六四）や真言宗の宗叡《しゅうえい》（八〇九〜八八四）によって、日本に将来されたところの悉曇本《しったんぼん》が伝わっております。そのインドにおける原本は、いまもって発見されてはおりません。

その翻訳については、漢訳本とその他の訳本があります。漢訳本については三訳があったと伝えますが、現存するものは二本です。それらは次のとおりです。

①『阿弥陀経』――姚秦《ようしん》・鳩摩羅什《くまらじゅう》訳（四〇二年ごろ）

②『称讃浄土経』―唐・玄奘《げんじょう》訳（六五〇年ごろ）

なお善導の『観念法門《かんねんぼうもん》』に、『四紙阿弥陀経』（真聖全一、六三六頁）として、上の二訳とは異なる経文を引用しており、今日では闕本とされる、別の〈阿弥陀経〉ではないかとも推定されていますが、それについては否定的な見解もあります。

また襄陽《じょうよう》の石経によると、鳩摩羅什訳については、二十一字（二十五字）が欠落しているといわれ、法然や親鸞は、その文を挿入して引用していますが、今日では、これは後人による加増であろうといわれております。

その他の訳本としては、チベット語訳（九世紀前半ごろ）、西夏語訳（十一世紀～十二世紀ごろ）などのほか、ウィグル語訳の断片も発見されております。

なお藤田宏達氏の指摘によれば、この〈阿弥陀経〉の六方段（『称讃浄土経』は十方段）の経説は、もともと〈阿弥陀経〉の本体に存在していたものではなくて、そこで説かれる仏名は、阿弥陀仏には関係のない別の経典、『仏名経』巻六（大正一四、一四三頁）、巻一一（大正一四、一七四頁）や、『現在十方千五百仏名並雑仏同号』所出の『阿弥陀讃一切諸仏所持之法経』（大正八五、一四四七頁）などに説かれるところの仏名と、ほとんど合致するものであって、この六方段は、後世においてそれらにもとづいて構成し、加増されたと考えられるということです。すなわち、この〈阿弥陀経〉のサンスクリット本の原初形態は、このような仏名経類の経説、仏名を六方段として合成することによって成立したものであろうということです。そしてそのことは、〈無量寿経〉に説かれるところの十方世界の諸仏が、阿弥陀仏を讃歎し、その名号を流布しているということを、より具体化して教説しようとしたことによるものであろうといわれます。

その点、この〈阿弥陀経〉においては、この六方段以降の経文の論旨が、前後一貫しておりません。すなわち、その諸仏護念経と名づけるという文章においては、もともとは阿弥陀仏と諸仏とが同格に別々に説かれており、それに続く文章はさらに混乱して、阿弥陀仏のことが消滅して、釈迦仏が諸仏を讃歎し、また諸仏が釈迦仏を讃歎するという文となって、ついには釈迦仏がこの五濁の世界において難信希有なる教法を説いたと讃えて、この経説が結ばれるわけです。この経末の文章は、まったく理解できがたいほど、論旨が迷走、混乱しております。

このように〈阿弥陀経〉には最後の経説に混乱が見られるわけですが、そのことは、その六方段以降の文章が、他の経説の文をもって加増され、構成されていることによるものと思われます。かくしてその諸仏護念の文章においては、もともとの蔵経本（サンスクリット本）では、阿弥陀仏と諸仏とが同格に別々に語られていたものを、このような六方段の加増に対応するために、今日の流布本においては、その諸仏を阿弥陀仏に統一して語ったものと思われます。そしてこのような変更は、すでに善導の『法事讃』（真聖全一、六〇三頁）においても見られるところであって、唐代には、このように改変されていたものであろうといわれます。そのことは、上に見たような論旨の混乱をめぐって、何らかの整合性を与えようという意図をもって、そのように読みかえたものと思われます。

なおこの六方段（十方段）において、その西方に「無量寿仏」（無量寿如来）が説かれているところから、阿弥陀仏が阿弥陀仏を讃歎することの矛盾をめぐって、古来の浄土教においては、その解釈に苦慮してきたところですが、この六方段がのちに加増されたものとするならば、その矛盾はただちに氷解するところです。

なおまた上において、〈無量寿経〉と〈阿弥陀経〉についてはへ〉をもって、また『観無量寿経』については、『』をもって標記しましたが、それは〈無量寿経〉と〈阿弥陀経〉は、原本のサンスクリット本および漢訳本などの複数があることにより、また『観無量寿経』は、漢訳本一本のみであることから、このように標記したわけであります。

三　浄土三部経の流伝

これら『浄土三部経』の流伝については、〈無量寿経〉と〈阿弥陀経〉は、インドにおいては、成立以来早くより流布していたと考えられます。龍樹（Nāgārjuna 一五〇〜二五〇ごろ）の著作といわれる『十住毘婆沙論』（原本は未伝）によると、その〈初期無量寿経〉および〈後期無量寿経〉を披見していたことがうかがわれますし、その信方便易行なる仏道の主張は、まさしくこの〈無量寿経〉の聞名不退の思想を継承したものであることが明瞭であります。また天親（Vasubandhu 四〇〇～五〇〇ごろ）には『無量寿経優婆提舎願生偈』（原本は未伝）なる著作がありますが、ここでいう『無量寿経』とは、具体的にはいかなる経典を指すものか問題です。それについては古来、〈無量寿経〉説、『観無量寿経』説、〈阿弥陀経〉説に分かれたままで今日に至っておりますが、すでに上に見たように、『観無量寿経』は、中国撰述説、中央アジア撰述説が濃厚であるところ、その内容からすれば、ここでいう『無量寿経』とは、〈無量寿経〉を意味するものと理解すべきでありましょう。

そしてまた、この『浄土三部経』は、それぞれ中国において翻訳されて以来、中国仏教界に広く流伝していったことはもとよりですが、すでに上において見たように、さらにはチベットから中央アジア一帯に広く流布していったことがうかがわれます。そしてまた中国においては、すでに上においてもふれたように、曇鸞や道綽、そしてまた善導らによって、この『浄土三部経』は注目されてきたわけであります。ことに曇鸞の主著『往生論註』において明かされた浄土の行道は、『無量寿経』の第十八願文の「十念」と、『観無量寿経』の下下品の文の「十念」の、経説を中核として主張されているところであり、また善導が当時の仏教界に対して、その『観無量寿経』の真義を、『無量寿経』の第十八願文の思想にもとづいて開顕したことは著明であります。そしてその後の中国仏教界においては、浄土教と禅宗との重層が進行して、念禅一致の仏教として今日に至っておりますが、現代の中国仏教界においては、その日常勤行作法としては、『阿弥陀経』（鳩摩羅什訳）の読誦がおこなわれているところです。

そして日本における浄土教の流伝をめぐっては、聖徳太子（五七四～六二二）の作といわれる『維摩《ゆいま》経義《きょうぎ》疏《しょ》』に、『無量寿経』の阿弥陀仏の第十八願文の一節、あるいは『観無量寿経』の阿《あ》闍世《じゃせ》太子《たいし》のことが引用されていることからすれば、当時すでに浄土教が伝来し、受容されていたことが知られるところです。そして白鳳時代にかけては、唐の留学から帰った恵《え》隠《おん》が、舒明天皇十二（六四〇）年と、白雉三（六五二）年の二回にわたって、『無量寿経』を講説したといい、『日本書紀』によれば、その白雉三年の時には、聴講者が千人におよんだと伝えております。そしてまた奈良時代になりますと、『正倉院文書』などによると、『無量寿経』『観無量寿経』『阿弥陀経』『平等覚経』『称讃浄土経』などが書写されているところで、当時すでに『浄土三部経』が、日本に流伝していたことが明白であります。そしてまた『阿弥陀経』の悉曇本が、平安時代の初めに伝来したことは、すでに上においてふれたところであります。

かくして今日の日本浄土教においては、それぞれの宗派がその正依経典として、この『浄土三部経』に依拠しておりますが、その中でも、親鸞にもとづく浄土真宗ではことに『無量寿経』を中心とし、弁長の浄土宗と証空の西山浄土宗ではことに『観無量寿経』を中心とし、また一遍にもとづく時宗ではことに『阿弥陀経』を中心として、それぞれの教義を構成しているところです。

第二章　〈無量寿経〉

一　〈無量寿経〉の組織とその解説

仏教における漢訳経典やその論釈を読解するについては、それを理解しやすいように、三分科経《さんぶんかきょう》といって、その全体を、大きく序分《じょぶん》（序論）、正宗分《しょうしゅうぶん》（本論）、流通分《るずうぶん》（結論）の三段に区分し、さらにそれぞれの内容を簡潔に大小の段落に区切り、それをまとめて標記したものを科文《かもん》または科段《かだん》といいます。かくして一般には、このような分科法によって経典を読解するわけです。

経典については、その序分、序論とは、その経典が説かれることとなった由来、因縁について明かす部分で、はじめに経典が説かれた場所や主なる聴衆の名を列挙しますが、その部分は、どの経典においても共通の構造をもつところから通序《つうじょ》といい、またそれは、その経説に誤りのないことを証明して、後世の人々に、その信奉をすすめる部分であるところより証信序《しょうしんじょ》ともいいます。そしてその後に、それぞれの経典が説かれることとなった、経典固有の事情について述べた部分を別序《べつじょ》といい、それはまた、その経典の発起、生起を意味するところから、発起序《ほっきじょ》ともいいます。

そしてまた、その正宗分、本論とは、それぞれの経典の中核をなす教説を明かす部分をいいます。そして最後の流通分《るずうぶん》、結論とは、その経説が後世に向かって確かに伝承され、普及、流通するように、ことに配慮して、聴衆の中の特定の仏弟子に、付属することを明かされた部分をいいます。

なおこのような分科法は、中国の道安《どうあん》（三一二～三八五）によって始められたといい、以来今日に至るまで、経典、論釈の読解法として、ひろく一般に用いられてきているところです。

そこで以下、この〈無量寿経〉の諸異本である『大阿弥陀経』『平等覚経』『無量寿経』『如来会』『サンスクリット本』『荘厳経』の、六本それぞれの分科、その組織について共通するところを、簡単にまとめて図示いたしますと次の通りになります。

〈無量寿経〉の分科・組織表

- 序分
  - 証信序 ——「我聞如是」
  - 発起序
    - 釈迦現瑞 ——「爾時世尊」
    - 出世本懐 ——「仏言善哉」
- 正宗分
  - 弥陀の救済
    - 弥陀成仏の因果
      - 因—発願・修行 ——「仏告阿難」
      - 果—仏身・浄土 ——「阿難白仏」
    - 衆生往生の因果
      - 因—三輩往生（三願成就文）——「仏告阿難其有」
      - 果—浄土往生（一生補処）——「仏告阿難彼国」
  - 釈迦の勧誡
    - 釈迦勧進の教言
      - 欣浄厭穢 ——「仏告弥勒菩薩」
      - 弥陀応現（胎化得失）——「仏告阿難汝起」
    - 釈迦誡悪の教言
      - （三毒教誡）——「然世人薄俗」
      - （五悪教誡）——「仏告弥勒汝等」
- 流通分—弥勒付属 ——「仏語弥勒」

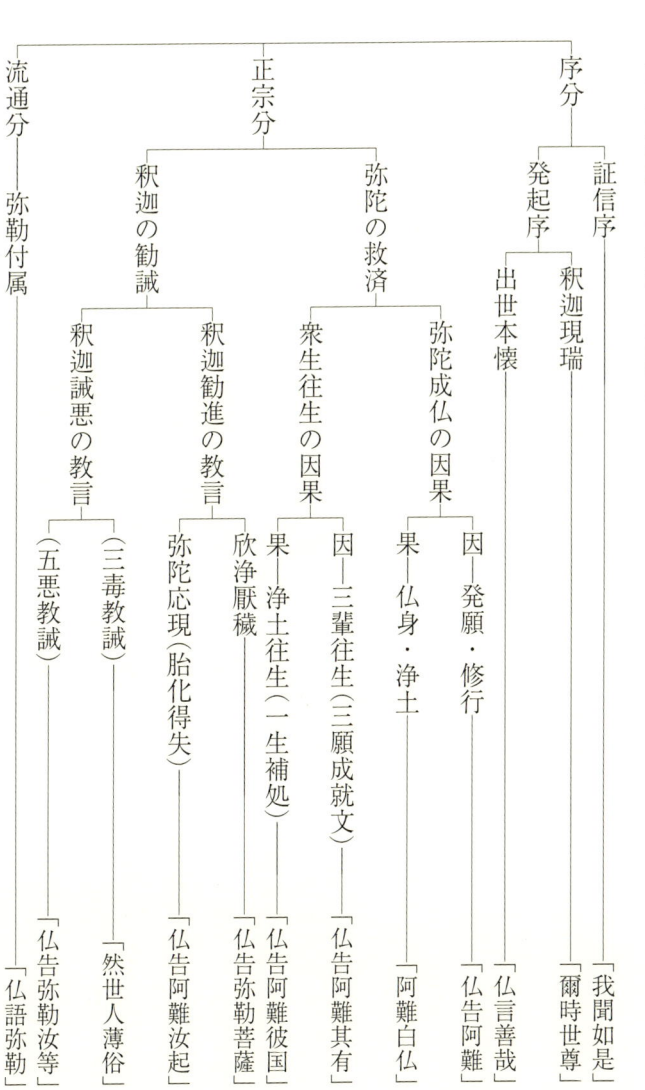

・組織表の下に付した経文は『無量寿経』の文です。

・なお（　）して示したものは一部のみに見られるものです。

なおこれら諸異本の対比においては、ことには阿弥陀仏の本願の数量の差異、浄土の荘厳相の相違、浄土往生の行道の変化などが問題になりますが、それらについては、のちに改めて考察いたします。そしてまたその行道思想については、〈後期無量寿経〉以降においては、その内容をめぐってかなりの変化が見られ、ことに〈後期無量寿経〉の『無量寿経』『如来会』『サンスクリット本』および『荘厳経』においては、三輩往生の文の前に、第十一願成就文、第十七願成就文、第十八願成就文の三願成就文が説かれていることは注目されるところです。このことについても改めて考察いたします。

1　序　分

(1) 証　信　序

そこで以下、上に示した分科にもとづく〈無量寿経〉の組織表を中心に、その内実についておよその説明をいたします。

なおこの経典の『サンスクリット本』には、その冒頭に、オーム、十方の無限・無際限の世界に住しておられる、過去・未来・現在の一切の仏・菩薩・聖なる声聞・独覚たちに帰命したてまつる。

アミターバ（無量の光をもつ者）に帰命したてまつる。アミターユス（無量の寿命をもつ者）に帰命したてまつる。不可思議な功徳の鉱脈をそなえた者にかさねて帰命したてまつる。

牟尼よ、勝者アミターバであるおんみに帰命したてまつる。おんみの憐愍によって、（わたくしは）極楽に行く。

金色の光彩をもつ園林があり、心よろこばしく、善逝の子たちによって飾られた極楽に、
名声あまねく智慮あるおんみの依止されるところ、多くの功徳の宝石の積み集められた、かの（極楽）に、（わたくしは）行く。（藤田宏達訳『梵文和訳・無量寿経・阿弥陀経』三七頁）

という帰敬文がおかれております。しかし、この文は漢訳本のいずれにも見られないものです。その点、この文は、のちに改めて付加されたものであろうといわれています。

次いではじめの序分の中の証信序（通序）においては、どの経典も共通しているところですが、釈迦仏の説法の成立条件としての六項目、いわゆる信（如是）、聞（我聞）、時

（一時）、主（仏）、処（王舎城耆闍崛山《ぎしゃくつせん》）、衆（大比丘衆）の六事について説きます。すなわち、釈迦仏が、インド・マガダ国の王舎城、ラージャグリハの耆闍崛山（霊鷲山）において、多くの仏弟子たちを対象とし、この〈無量寿経〉を教説されたことを明かします。その聴衆は、〈初期無量寿経〉の『大阿弥陀経』によりますと、一万二千人の阿羅漢《あらかん》が集まったといい、その主な賢者の名三十一名を記しており、また『平等覚経』では、仏弟子一千二百五十人が集まり、またそのほか多くの清信士《せいしんし》、清信女《せいしんにょ》らも集まったといい、その主な仏弟子、賢者の名を三十五名、そのほかに比丘尼十名、清信士の長者十六名、そしてまた清信女七名の名を記しております。また〈後期無量寿経〉の『無量寿経』では、一万二千人が集まったといい、その主なものの尊者の名を三十一名、また菩薩十八名の名を記しております。なおここでは、それらの菩薩について、それぞれが釈迦仏の誕生から入滅に至るまでの、降兜率《ごうとそつ》、托胎《たくたい》、出胎《しゅったい》、出家《しゅっけ》、降魔《ごうま》、成道《じょうどう》、転法輪《てんぽうりん》、入滅《にゅうめつ》という、八種の特色ある生涯と同じ道程を歩んだということ、すなわち、その八相化儀《はっそうけぎ》について説いております。そしてまた『如来会』では、一万二千人が集まったといい、その主な声聞《しょうもん》についてては尊者二十五名の名と、菩薩について十四名の名を記し、ここでもその菩薩について八相化儀を語っております。また『サンスクリット本』では、三万二千人の比丘が集まったといい、その主な長老について三十六名の名を記し、また弥勒菩薩などの多くの菩薩たちも一緒であったといいます。また『荘厳経』では、三万二千人が集まったといい、その主なものとして尊者三十一名の名を記しております。なお『サンスクリット本』と『荘厳経』では、八相化儀については説かれておりません。

（2）発 起 序

そして次の発起序（別序）は、この〈無量寿経〉が教説されるについての特別の事情、由来を述べる部分で、その〈初期無量寿経〉の『大阿弥陀経』および『平等覚経』によりますと、仏弟子の阿難《あなん》が、釈迦仏の相好を拝しながら、本日の釈迦仏は日ごろの容貌と相違して、ことに仏面光精、光明威神であることに気づいて、その理由を質問いたしました。いわゆる釈迦現瑞の文といわれる一段です。そこで釈迦仏は、その問いを高く評価しながら、それに答えて、世間には三千年に一度だけ華が咲くといわれる優曇《うどん》（優曇鉢udumbara）という樹があるが、それと同じように、いま私がこの世界に出現して仏法を説くことは、まことに希有なる出来事であり、この私の教法を聞くものは、すべてこの迷界を度脱して、仏の「さとり」をひらくであろう。その因縁がいまここに結実したので、私の相好がこのように輝いているのであると語られました。この文章はいわゆる出世本懐の文といわれるものです。このような文は、『平等覚経』においてもほぼ同じ文が説かれております。また〈後期無量寿経〉の『無量寿経』および『如来会』においても、それはより整理されて、釈迦仏の相好をめぐっては五種の瑞相、五徳瑞現を語り、それについての阿難の質問と、それに応答して、釈迦仏が自分の出世本懐の意趣を語っております。また『サンスクリット本』においても、およそ同じような趣旨の内容が語られ、また『荘厳経』は、それについてはきわめて簡単に要約して述べております。以上が発起序の内容です。

2 正宗分

（1）弥陀成仏の因果

〈初期無量寿経〉の教説

そして次いで正宗分がはじまります。そこではまず阿弥陀仏の救済について、その阿弥陀仏の成仏の因果、その因としての法蔵菩薩の発願と修行について説かれ、次いでその果としての阿弥陀仏の仏身荘厳の相状と、その浄土の荘厳の相状が細やかに明かされます。

その阿弥陀仏の成仏の因果については、〈初期無量寿経〉の『大阿弥陀経』と『平等覚経』によりますと、遠い大昔に、提和《だいわ》竭羅《かつら》仏《ぶつ》（『平等覚経』では錠光如来《じょうこうにょらい》）がましまして多くの人々を救済され、それに続いて三十三仏（『平等覚経』では三十五仏）が出現されたが、その第三十四番目（『平等覚経』では第三十六番目）の楼夷《ろい》亘羅《こうら》仏《ぶつ》（『平等覚経』でも同じで世自在王仏のこと）の時に、ある国に「大国王」（真聖全一、一三五頁）があり、この仏の教法を聞いて発心帰依し、「国を棄《す》て王を捐《す》て」（真聖全一、一三五頁、八〇頁）て出家し、曇摩迦《どんまか》（『平等覚経』では曇摩迦留《どんまかる》といい法蔵菩薩のこと）と名のりました。このことはこの法蔵菩薩説話が、釈迦仏伝にもとづいていることを物語るものでしょう。そしてこの菩薩は、その世自在王仏の指導のもとで、諸仏の浄土の善悪を見て新しく二十四種の誓願を建立し、長い歳月をかけて修行し、ついに仏の「さとり」をひらいて阿弥陀仏となりました。その二十四種の願文の内容については、のちに改めて解説いたします。

そこでその阿弥陀仏の光明は、無量無辺、最尊無比にして諸仏の光明をはるかに超えるものであり、その光明を見るものと、その名号を聞くものは、慈心歓喜、すなわち真実信心を開発して、ひとしく阿弥陀仏の浄土に往生することができると説きます。そしてまたこの阿弥陀仏は、すでに十劫の過去に成仏してその寿命は無量であるといい、その浄土は西方にあって、さまざまな荘厳と功徳をもって成就されているといいます。ただし、この〈初期無量寿経〉においては、その阿弥陀仏はついには入滅するといい、そのあとには観音菩薩、さらにそのあとには、勢至菩薩が成仏して人々を救済すると説いております。そしてまた、その浄土の相状とそこに住する聖聚の性格などについては、宝池の荘厳、眷属の荘厳、宝樹の荘厳、音楽の荘厳、諸仏への供養、聖聚の無量、国土の功徳などについて、細かに教説しているところです。その浄土の荘厳相については、のちに改めて解説いたします。

なおここで注意されるべきことは、この〈初期無量寿経〉にかぎって、その阿弥陀仏の光明が無量であるといい、その光明を見るものと、その名号を聞くものは、まさしく浄土に往生するという教説に続いて、阿闍世《あじゃせ》王太子《おうたいし》の帰仏の文がおかれているということです。このことはいかなる理由によるものでしょうか。親鸞はことにこの文に注目して、その『平等覚経』の文を、「行文類」（真聖全一、七頁）に引用しているところです。そこでこの文をめぐっては、私見によると、この阿闍世王太子とは阿闍世王のことであり、殺父という大逆罪を犯したものですが、そういう悪逆非道のものでも、この阿弥陀仏の教法に帰依するならば、よく救済されて成仏できるということを教示するものであって、それは〈初期無量寿経〉の願文において説かれるところの、不善作悪者の行道に対応して説かれたものと思われます。なおこの文は〈後期無量寿経〉においては消滅して説かれることはありませんが、その第十八願文（『サンスクリット本』では第十九願文）に明かすところの、五逆罪を犯すもの以外は、すべて救済されるという教説に関係するものと思われます。

〈後期無量寿経〉の教説

そしてまた、その〈後期無量寿経〉によりますと、錠光如来以来の過去仏の数がふえて、『無量寿経』では五十三仏、『如来会』では四十二仏、『サンスクリット本』では八十仏となっております。そしてその法蔵菩薩については、その『無量寿経』では「国を棄て王を捐て」（真聖全一、六頁）とありますが、『如来会』ではたんに「一の比丘ありて」（真聖全一、一八七頁）とのみあり、また『サンスクリット本』でもたんに「比丘」とあって、釈迦仏伝からの離反が明白です。そしてその発願については、『無量寿経』と『如来会』では四十八願文が、『サンスクリット本』では四十七願文（チベット訳本では四十九願文）が明かされております。その内実については、のちに改めて解説いたします。

なおこの〈後期無量寿経〉では、その願文の前に「歎仏偈」といわれる偈文が、またその願文のあとには「重誓偈」といわれる偈文がおかれております。

そして法蔵菩薩は、その誓願を完成させ、成仏して阿弥陀仏となり、浄土を建立いたしましたが、その阿弥陀仏の仏身は、光明無量であり、寿命無量であると説かれます。そしてその浄土の荘厳については、『無量寿経』では、聖聚の無量、宝樹の荘厳、道場樹の荘厳、音楽の荘厳、講堂の荘厳、宝池の荘厳、眷属の荘厳、華光からの出仏などが説かれております。ただし『如来会』では、いささか略説されており、聖聚の無量、宝樹の荘厳、道場樹の荘厳、宝池の荘厳、華光からの出仏のみが説かれております。そして『サンスクリット本』でも、阿弥陀仏の光明と寿命が無量であると説き、その浄土の荘厳については、宝樹の華麗、大河の水流、音楽の充満、衣服の自由、宮殿の善美、巨大な菩提樹など、さまざまな最高の荘厳相が教説されております。

以上が、〈初期無量寿経〉と〈後期無量寿経〉における弥陀成仏の因果としての、因なる発願、修行と、果なる仏身、浄土の内実、その荘厳をめぐるおよその教説です。

なおまた、別系統と考えられる『荘厳経』では、その過去仏は三十八仏が語られ、また法蔵菩薩はたんに「一の苾芻《ひっしゅ》」(比丘)といわれ、その本願文は三十六願が明かされております。そしてその阿弥陀仏は、光明無量、寿命無量にして、無数の声聞がそれに従っているといいます。またその浄土の荘厳については、簡略化されて、宝柱、宝樹、宝池、道場樹、音楽について語られております。

(2) 衆生往生の因果

三輩往生

そこでその衆生往生の因については、論理的には、阿弥陀仏の成仏によってこそ、よく私たちの浄土への往生が成立するわけで、その根本は上に見たところの、弥陀成仏の因果としての、その発願と修行、そしてまたその仏身と浄土を意味しますが、その教説の上でいえば、具体的には次に明かされる三輩往生の文を指します。この三輩往生の文とは、〈初期無量寿経〉と〈後期無量寿経〉に共通して説かれるところの浄土往生の行道であり、それは基本的には、〈初期無量寿経〉の『大阿弥陀経』に説かれたところの浄土往生の行道としての、第五願文の不善作悪者の道、第六願文の一般在家者の道、第七願文の出家者の道なる、三願の成就文として教説されたものであって、その第一上輩者の道が第七願文の出家者の道に、第二中輩者の道が第六願文の一般在家者の道に、第三下輩者の道が第五願文の不善作悪者の道に対応するものであります。そしてこの三輩往生の道は、そのあとの〈無量寿経〉においては、その〈初期無量寿経〉〈後期無量寿経〉および『荘厳経』に至るまで、その内容については種々に変遷があるとしても、その行道について誓った願文が二種類になっても依然として、願文の思想とは無関係に教説されているところであって、この三輩往生の文は、願文とは別に、独自に伝統、継承されてきているところです。この点は〈無量寿経〉における行道思想の未整理、混乱として問題が残るところです。なおこの〈初期無量寿経〉〈後期無量寿経〉の三輩往生の文の内容については次のとおりです。

その〈初期無量寿経〉の『大阿弥陀経』および『平等覚経』によりますと、私たち衆生が浄土に往生する道としては三種があるといいます。すなわち、その第一の上輩者の道とは、出家して沙門となり菩薩道を歩み、六波羅蜜《ろくはらみつ》なる自利利他の行業を修めて、至心に浄土を願生して不断であるならば、今生の夢中において見仏し、臨終には来迎をえて浄土に往生し、不退転地に住するというものです。そして第二の中輩者の道とは、在家のままで、沙門に布施して仏塔を供養し、持戒精進して浄土を願生し一日一夜不断なれば、今生の夢中において見仏し、臨終には来迎をえて浄土に往生することができるといいます。そしてまた、その第三の下輩者の道とは、経済的に貧しくて、沙門に布施したり仏塔を供養することができないものでも、一心に浄土を願生して十日十夜断絶しないならば、命終ののちに浄土に往生することができるといいます。

これが衆生往生の因としての三輩往生の原形の文ですが、この行道は、上に見た本願文とは正確には対応しておりませんが、基本的には、『大阿弥陀経』の第五願文の不善作悪者の道、第六願文の一般在家者の道、第七願文の出家者の道に、いちおうは重層し、その成就文と見ることができると思われます。なおここでは、その第二の中輩者の道、第三の下輩者の道についていては、その仏語、仏法に対して、なお不信、疑惑のものは、化土《けど》に往生して五百年の間は、阿弥陀仏を見ることができないと説いております。

ところで次の『平等覚経』においても、このような三輩往生の文がおかれ、その内容は、上の『大阿弥陀経』とほとんど共通しております。ただし、この『平等覚経』では、その本願文において誓願された行道は、第十八願文の菩薩道としての行道と、第十九願文の不善作悪者の道の二種の道しか明かしておりません。その点、ここでは願文にもとづく二種の行道と、ここで説かれる三輩往生の文がまったく齟齬しているわけです。すなわち、この三輩往生の文は、その〈後期無量寿経〉においても、またそのあとの『荘厳経』においても、その内実はいささか変化しているとしても、一貫して教説されているところで、本願文の思想とは無関係に、独立して伝承されていることがうかがわれるところです。

なおこの三輩往生の文は、〈後期無量寿経〉においては、かなり整理、簡略化されて教説されており、その『無量寿経』によると、第一の上輩者の道とは、出家して沙門となり、阿弥陀仏を専念して、諸種の功徳を修めるならば、臨終に来迎をえて浄土に往生し不退転地に住する道であるといいます。そして第二の中輩者の道とは、菩提心を発して阿弥陀仏を専念し、善根、持戒を修め、また仏塔、仏像を起立するならば、臨終に来迎をえて浄土に往生する道であるといいます。そして第三の下輩者の道とは、菩提心を発して阿弥陀仏を専念し、歓喜信楽して一念するならば、臨終に見仏して浄土に往生をうる道であるといいます。

そしてまた『如来会』によりますと、それはさらに簡略化されて、その第一の上輩者の道とは、出家を語ることなく、ただ菩提心を発して阿弥陀仏を専念し善根を修めれば、臨終に来迎をえて浄土に往生し、不退転地に住する道をいいます。そして第二の中輩者の道とは、同じく菩提心を発して阿弥陀仏を専念し善根を修めれば、臨終に来迎をえて浄土に往生し、不退転地に住する道をいいます。そして第三の下輩者の道とは、清浄心をもって阿弥陀仏を専念し、一念の浄心を発して念仏すれば、臨終に見仏して浄土に往生し、同じく不退転地に住する道をいいます。ここでは出家を説くことなく、また三輩者のいずれについても、臨終の見仏と、往生による不退転地の利益を語っております。

なおまた『サンスクリット本』では、その上輩者の道とは、阿弥陀仏を思念し、さまざまな善根を修めて願生するならば、臨終に来迎をえて浄土に往生する道をいいます。また中輩者の道とは、阿弥陀仏に対して多くの思念をせず、また多くの善根を修めなくても、ひとえに浄土を願生して生きるならば、臨終に来迎をえて浄土に往生するという道をいいます。そして下輩者の道とは、ただ阿弥陀仏を思念し浄土を願生して、たとえ一度だけでも念仏、願生する心をおこすならば、夢中に見仏し、浄土に往生して不退転地に住する道をいいます。

なおまた『荘厳経』でも、この三輩往生の文を説いております。ただし、ここではその内容がいささか相違しており、その第一の上輩者の道とは、この〈無量寿経〉を受持、読誦、書写、供養して、阿弥陀仏の浄土を願生するならば、臨終に来迎をえて浄土に往生し、不退転地に住する道であるといいます。そして第二の中輩者の道とは、菩提心をおこして持戒し善根を修めて、浄土を願生するならば、浄土に往生をえて不退転地に住する道であるといいます。そしてその第三の下輩者の道とは、十善（不偸盗《ふちゅうとう》、不殺生《ふせっしょう》、不邪婬《ふじゃいん》、不《ふ》妄語《もうご》、不綺語《ふきご》、不悪口《ふあっく》、不両舌《ふりょうぜつ》、不貪欲《ふとんよく》、不瞋恚《ふしんに》、不愚痴《ふぐち》）を守って、浄土を思惟、願生するならば、浄土に往生して不退転地に住する道であるといいます。ここでもまた三輩者いずれの道においても、往生による不退転地の利益を語っているところです。

なお〈後期無量寿経〉では、その『無量寿経』『如来会』『サンスクリット本』のいずれにおいても、なおまた『荘厳経』においても、この三輩往生を明かす文の直前に、阿弥陀仏の四十八願の中の第十一必至滅度の願と、第十七諸仏称名の願と、第十八至心信楽の願の、三願の成就文がおかれております。このことは〈後期無量寿経〉においてはじめて見られるものであって、その衆生往生の因としては、きわめて重要な意味をもつものと考えられますが、このことについては、あとの本願文のところで改めて検討することといたします。

浄土往生（一生補処）

次に衆生往生の果としては、〈初期無量寿経〉の『大阿弥陀経』では、その第七願文の出家者の行道を修めるもののみが、浄土に往生すれば、菩薩道の第四十一位なる正定聚、不退転地に住する利益をうるといい、そのことはまた第一の上輩者の往生の利益としても明かされております。しかしながら『平等覚経』においては、その第十一願文において、浄土に往生するものは、誰でもひとしく正定聚、不退転地に住すると誓われ、そのことは〈後期無量寿経〉においても踏襲、伝統されており、ことに『サンスクリット本』においては、その正定聚、不退転地の利益とは、聞名、信心にもとづくところの今生、現身における利益として明かされております。

ところが、〈後期無量寿経〉になりますと、その本願文（『無量寿経』『如来会』では第二十二願文、『サンスクリット本』では第二十一願文）で、浄土に往生するものは、一生《いっしょう》補処《ふしょ》の利益をうると誓われております。この一生補処とは、浄土に往生するものは、その一生の寿命を終えたら、次の生では、必ず仏に成ることに決定していることをいいます。かくして阿弥陀仏の浄土に往生するものは、次生においては、必ず成仏するという利益をうることとなります。そしてこのような思想は、その〈初期無量寿経〉の『平等覚経』にもうかがわれるようで、その第二十願文に、「我が国の諸の菩薩、一生等しくこの余の願の功徳を置かざらん」（真聖全一、七九頁）と説かれておりますが、この文には誤写か脱字があるようで、その経文の意味が不明瞭ですが、先学によると、この文は一生補処の益を明かしたものであろうといわれております。とすれば、この一生補処の思想は、すでに〈初期無量寿経〉においても存在していたといいうるようであります。

（3）釈迦勧信の教言

欣浄厭穢

そして〈無量寿経〉では、衆生往生の因果について教説したあと、釈迦仏の勧信による欣浄厭穢として、この迷界、世俗の生活を厳しく厭うて、ひとえに真実、至福なる浄土を願って生きるべきことを教示しております。すなわち、その『大阿弥陀経』と『平等覚経』は、ほとんど同じ文章をもって、

何んぞ世事を棄て道徳を求めざる。（中略）世人薄俗にしてともに不急のことを諍《あらそ》う。ともにこの処、劇悪極苦の中において、身を勤め生を治め用いてあい給《きゅうかつ》活すべし。（『大阿弥陀経』真聖全一、一六七頁・『平等覚経』真聖全一、一一四頁）

老となく少となく男となく女となく、みなともに銭財をうれう。有無同じくしかり。（中略）田あれば田に憂い、宅あれば宅に憂い。（中略）田なければまた田あらんと欲し、宅なければまた宅あらんと欲す。（中略）衣服、銭財、什物、飲食の属《ともがら》、また憂えて之のあらんことを欲す。（中略）身心ともに労して坐起安からず、憂意相い随いて勤苦す

ることかくのごとし。（『大阿弥陀経』真聖全一、一六七頁・『平等覚経』真聖全一、一一五頁）

人、世間愛欲の中にありて、独り往き独り来り、独り死し独り生じ、まさに行きて苦楽の処に至る。身みづから之に当りて代る者あることなし。（『大阿弥陀経』真聖全一、一六八頁・『平等覚経』真聖全一、一一五頁）

何んぞ家事を棄てて、おのおの強健の時に曼《の》びて努力して善をなし、つとめて精進せざる。（『大阿弥陀経』真聖全一、一六八頁・『平等覚経』真聖全一、一一六頁）

などと明かすところです。ここではこの迷界、世俗を厳しく厭うて、真実なる世界、浄土を願求しつつ、生きていくべきことを教言しております。

弥陀の応現（胎化得失）

そしてまた、この〈無量寿経〉では、そのあとに、人々の仏法に対する確信をうながすために、釈迦仏が、阿弥陀仏とその浄土を、この現実世界に示現したことを明かしております。すなわち、釈迦仏が仏弟子の阿難《あなん》に向かって、もし阿弥陀仏とその浄土を見たいと思うならば、西方に向かって礼拝し、「南無阿弥陀三耶《さんや》三仏檀《さんぶつだん》」（『大阿弥陀経』真聖全一、一七九頁、『平等覚経』では「南無無量清浄平等覚」真聖全一、一二八頁）と称名せよといいます。そこで阿難がそのようにしますと、阿弥陀仏が大いなる光明を放ってその眼前に応現し、それを証誠したと説かれております。これが弥陀の応現といわれる一段です。このことは〈後期無量寿経〉においても同じように教説されており、阿難が西方に向かって五体投地して礼拝したら、阿弥陀仏が眼前に応現したといい、ここでは阿弥陀仏の名号を称えたとは明かされません。『サンスクリット本』においても、また同じように教説されており、また『荘厳経』にも同じように語られているところです。

なおこの〈初期無量寿経〉では、上に見たように、阿難が西方に向かって礼拝するについて、「南無阿弥陀三耶三仏檀」（南無無量清浄平等覚）と仏名を称唱したと説かれておりますが、〈後期無量寿経〉では、たんに礼拝したとのみ語られて、仏名を称唱したということが明かされておりません。そのことをめぐって、今日の学界においては、この〈初期無量寿経〉の弥陀応現における仏名称唱の文は、その『大阿弥陀経』の翻訳者によって挿入されたものであって、それが『平等覚経』にも踏襲されたのであろうと考えられております。すなわち、この〈無量寿経〉においては、阿弥陀仏の名号を称唱するという称名の思想は、いまだ明確には存在しなかったといわれており、浄土教における称名思想は、それ以降において説かれることとなったというべきでありましょう。

なおまた〈後期無量寿経〉においては、その弥陀応現の教説のあとに、胎化《たいけ》得失《とくしつ》、すなわち、阿弥陀仏の教法を学びながらも、まことの信心を開発《かいほつ》しえないで、仏法を疑惑するものは、浄土に往生しても蓮華に閉じこめられたまま、胎生《たいしょう》として化土に止まり、五百年の間は阿弥陀仏を見ることができないといい、すべからく真実の信心をひらいて、真実の浄土、報土に往生すべきことを教説しております。この化土往生については、〈初期無量寿経〉の三輩往生の文の、中輩者と下輩者についても語っているところです。

（4）釈迦誡悪の教言

三毒の制止

そしてこのような釈迦仏の勧信の教言のあとに、〈初期無量寿経〉の『大阿弥陀経』と『平等覚経』、および〈後期無量寿経〉のもっとも早いころに成立したと考えられる『無量寿経』の三本のみには、釈迦仏による衆生の悪業を誡めるところの教言、三毒、五悪をめぐる教示が開説されております。しかしながら、この一段は、〈後期無量寿経〉の『如来会』と『サンスクリット本』および『荘厳経』や『チベット訳本』には存在いたしません。かくしてこの〈無量寿経〉を学ぶにあたっては、この釈迦仏の誡悪の教説をめぐって、いかに理解すべきかということが大きな問題となります。そこでそのことをめぐって、以下いささか考察いたします。

この釈迦仏の誡悪、三毒と五悪の制止の文とは、その教説の内容については、この〈無量寿経〉は、もともと釈迦仏が、その仏弟子の阿難に呼びかけるという形式をもって説示されているわけですが、この釈迦の誡悪、三毒、五悪の制止の経文にかぎっては、何ゆえか、弥勒菩薩を対象として語るという形式がとられており、そのはじめに、私たち人間の日常生活における現実の在り方を厳しく告発しながら、その貪欲《とんよく》（むさぼりの心）と瞋恚《しんに》（いかりの心）と愚痴《ぐち》（おろかな心）の三毒の煩悩について徹底して批判いたします。そして私たちはひとしく仏法に心を傾けて、「身をただし行を正しくして」「心の垢を洗いのぞき」「善本を積累し」「教えのごとく奉行」すべきであるといって、三毒の煩悩の制止を厳しく教言されます。

五悪の制止

そしてさらにそのあとに、五種の悪業について明かし、その五悪を廃して五善を修めるべきことを勧め、それにおいてこそ、よくこの現世の生活が順調に相続され、やがては仏の「さとり」に至ることができると教示します。その五悪、五善の内実については、経典は詳細に教説するところで、簡単には集約できませんが、古来それについては、仏教における五悪（殺生《せっしょう》、偸盗《ちゅうとう》、邪婬《じゃいん》、妄語《もうご》、飲酒《おんじゅ》）を意味するといい、また十悪（殺生、偸盗、邪婬、妄語、綺語《きご》、悪口《あっく》、両舌《りょうぜつ》、貪欲《とんよく》、瞋恚《しんに》、愚痴《ぐち》）とも理解され、さらにはまた儒教が説くところの五常（仁《じん》、義《ぎ》、礼《れい》、智《ち》、信《しん》）にも重ねて解釈されてきました。事実、その教説の内容は、仏教教義にもとづくというよりも、多分に中国伝統の儒教ないしは道教の思想と、それに類する用語が散見されるところでもあります。

かくして、この釈迦仏の戒悪（三毒・五悪の制止の文）の教説は、その経説の前後は阿難を対象として説きながら、この部分のみが弥勒菩薩を対象として説かれていることの不自然からして、そしてまた、その文章の内容において、中国的な思想、性格が濃厚であるところ、それはインドにおいて他の文章と同一に説かれたものではなくて、〈無量寿経〉の中国における翻訳の段階において、翻訳者によって新しく付加されたものであろう、という見解が主張されております。しかしまた他方では、その三輩往生の文における、倫理的な善根の修習を勧励する文とも重なるところ、もともとインドにおける〈無量寿経〉成立の段階より存在したものである、という主張もあります。

しかしながら、今日における学界の見解としては、それが〈初期無量寿経〉の『大阿弥陀経』と『平等覚経』、および〈後期無量寿経〉の『無量寿経』の三本のみに説かれていて、そのあとの〈無量寿経〉には見られないところから、もっとも原形の『大阿弥陀経』を翻訳したところの呉の支謙が、この部分を創造し付加したものであろうといわれ、この支謙には、もともとそのような思想的傾向があったともいわれております。その点、いまはこの釈迦仏の誡悪の教言（三毒、五悪の制止の文）は、中国において付加されたものであろうと理解いたします。なお親鸞は、この経文を読んだであろうことは推定されますが、この経文を引用することもなく、それをまったく無視していることがうかがわれます。

3　流通分

弥勒付属

最後の流通分とは、釈迦仏が、その経典の教説を結ぶにあたって、その教法が、後世に確かに伝承され、普及されるようにと願って、その聴衆の中の一人を選んで、その人にその流布、流通を託すという部分をいいます。いまのこの〈無量寿経〉では、釈迦仏が阿逸《あいっ》多《た》菩薩（弥勒菩薩）に対して、この阿弥陀仏の本願の教法の流通を、依託、付属するということで結ばれております。その『如来会』の経末において、

汝、阿逸多（弥勒菩薩）、我この法門および諸仏の法をもって、汝に嘱累《しょくるい》す。汝まさに修行して、滅没せしむることなかるべし。かくのごとき広大微妙の法門は、一切諸仏の称讃したまうところなり。仏教に違し、しかも之を棄捨し、汝等不善の利をえて長夜に淪没し、もろもろの危害をかうむらしむることなかれ。この故に我いまために大いに嘱累す。まさにこの法をして久しく住して滅せざらしめ、まさに勤めて修行し

て我が教に随順すべし。（真聖全一、二一三頁）

と説かれるゆえんであります。

以上が〈無量寿経〉の経説の概略であります。

二 〈無量寿経〉における阿弥陀仏と浄土

1 阿弥陀仏

（1） 阿弥陀仏の思想

釈迦仏滅後の仏教

阿弥陀仏の思想とは、釈迦仏滅後およそ五百年ぐらいのころに、新しく生まれた仏教思想であります。その生成の事情については、いろいろと論考されておりますが、その中でも有力な学説としては、釈迦仏の滅後、その遺骨を祀った仏塔を中核として成立したところの、在家信者を主流とする仏塔崇拝の教団を母胎として、阿弥陀仏の思想が生まれたという見解があります。いまはその主張に賛意を表することといたします。

すなわち、釈迦仏の入滅（紀元前三八三年ごろ）ののち、その仏教教団は、大きくは出家者を中心とする流れと、在家信者を中心とする流れに分かれて展開していきました。もとよりその出家者中心の流れの中に、出家者の生活を支えるための多くの在家信者が存在し、またその在家信者中心の流れの中に、それを指導する出家者が存在していたことは当然でありますが、大きくはこのような二つの流れが生まれてきたもののようです。

そしてその出家者中心の教団では、釈迦仏を自分たちの偉大なる先達者として捉え、自分たちもまた釈迦仏と同じ「さとり」を開覚することをめざして、その教法を「経典」として編纂し、それについて種々に研鑽を重ねつつ、日々にその修学と実践に励んでいきました。そしてそのような出家者たちの動向においては、やがてその教法をめぐる解釈の相違が生まれて、釈迦仏滅後百年ごろから、その教義理解の伝統をそのまま忠実に守ろうとする、保守派の上座部《じょうざぶ》と、新しく自由に解釈を試みようとする、進歩派の大衆部《たいしゅうぶ》とに分裂し、さらにそののちにも、それぞれがさまざまに分裂して、多くの部ないしは派が生まれてくることとなり、釈迦仏滅後四百年ごろには、それは二十部にも及んだといわれます。かくしてこの時代の仏教を部派仏教と呼んでいるわけです。

ところが、他方の在家信者たちは、はじめはインドの各地に八つの仏塔を建立し、そこに釈迦仏の遺骨を祀り、それを供養、崇拝しながら、釈迦仏は偉大なる救済者であって、いまもなお自分たちを導いていてくださると尊敬し、思慕していきました。出家者たちが、釈迦仏の教法、経典を中心に、釈迦仏を先達者と捉えてその跡を尋ねつつ、その修学と実践に励んだのに対して、在家信者たちは、釈迦仏の人格、遺骨を中心に、その釈迦仏を救済者と捉えてその徳を讃えつつ、それを崇拝、信奉していったわけです。そしてそののちには、仏塔はさらに各地に建立されることとなり、そのような仏塔崇拝の流れの中から、多くの信者たちによる仏塔巡拝などの営みが生まれたようで、在家信者たちの釈迦仏崇拝はいっそう盛んになっていきました。

ところで、当時の部派仏教における出家者たちは、僧院にとどまって、師について仏法を学びながら仏の「さとり」を求める声聞《しょうもん》と、僧院をでて山野で一人で生活しつつ、無師にして仏の「さとり」をめざす縁覚《えんがく》（独覚）とに分かれていきましたが、そのいずれにおいても、自分自身一人だけの「さとり」を開覚して、阿羅漢《あらかん》といわれる聖者になることを目標とし、世の中の民衆のことは何も考えることはありませんでした。

大乗仏教の興起

そこでそのような旧来の自己中心的な仏教の在り方を反省、批判して、いままでの個人中心の仏教理解は誤っている、釈迦仏が教えたところのまことの仏の「さとり」とは、万人がひとしくめざすべき目標であって、世界人類全体のための仏教でなければならないという、新しい仏教革新運動が興起してきました。そしていままでの仏教を、個人主義の仏教という意味で小乗仏教（ヒーナヤーナ hīnayāna）といって非難しつつ、その新しい仏教を、人間誰でもが仏の「さとり」をうる、民衆全体のための仏教という意味で大乗仏教（マハーヤーナ mahāyāna）と名のりました。そういう新しい大乗仏教運動が、およそ紀元前一世紀ごろから生まれてきました。そしてそのような大乗仏教は、いかにして興起してきたのかということですが、現在においてはなお充分に明確になってはおりません。ただそのことをめぐる今日までの研究によりますと、小乗仏教の中で比較的に進歩的であった大衆部の中から生まれたものであろうという見解があり、また純粋な仏弟子のグループではなくて、もっぱら釈迦仏を尊敬し、讃歎した詩人たちによって作られたところの、数多くの伝記、仏伝や、その本生話（ジャータカ）などを、成立母胎として生まれたものであろうともいわれ、さらにはまた、上に述べたところの、釈迦仏の遺骨を祀った仏塔を中核とする、在家信者中心の教団の中から、生まれたものであろうともいわれております。

阿弥陀仏思想の成立

ところで、そういう大乗仏教が興起する初頭のころに、阿弥陀仏の思想も生成してきたと思われます。すなわち、この仏塔を中核とする在家信者中心の教団においては、釈迦仏は偉大なる救済者として、いまもなお私たちを導いていてくださると領解して、その釈迦仏を憧憬し、思慕してきたわけですが、在家信者たちのそういう釈迦仏崇拝の意識は、やがていっそう深化、徹底していき、そこにその釈迦仏の「さとり」、その「いのち」の働きかけを感得することとなり、歴史上の存在としての釈迦仏を超えて、新しい仏陀の観念を生みだしてくることとなりました。

そしてそれを象徴的に表現して、アミターバ（Amitābha 光明無量）、アミターユス（Amitāyus 寿命無量）なる新しい仏、阿弥陀仏という仏陀の思想を生みだしてくることとなったわけです。もともとこのような光明と寿命、空間的なひろがりと、時間的なつながりという観念は、釈迦仏そのものについて語られたものであって、この阿弥陀仏という仏が、釈迦仏観の展開、深化において、生成してきたことをよく物語るものでもあります。

ことにその〈初期無量寿経〉の『大阿弥陀経』によりますと、その阿弥陀仏の前身である法蔵菩薩とは、もとは「大国王」であったが、仏法を学んで「国を棄《す》て王を捐《す》て」（真聖全一、一三五頁）て出家したといい、その過去仏の最後には「燃灯仏」が説かれていますが、この仏は仏伝によりますと、釈迦仏に授記《じゅき》を与えた師仏であるといわれます。それらのことからしても、釈迦仏観の深化の中から、新しい阿弥陀仏の観念が生まれてきたことがうかがわれ、またその『大阿弥陀経』によりますと、阿弥陀仏の浄土に往生するための善根として、「塔を遶《めぐ》りて香を焼き、花を散じ燈を燃し、雑繒綵《ざつぞうさい》（絹の織物）を懸け」また「塔を起て寺を作る」（真聖全一、一三七頁）ことが教説されていることからしても、この阿弥陀仏の思想が、釈迦仏信奉、仏塔崇拝に深くかかわって成立していることが、よく知られてくるところです。

（2）阿弥陀仏の象徴表現

象徴表現ということ

釈迦仏の「さとり」というものは、この世俗、日常性をはるかに超出したものであって、それは超越的、出世的なものであります。したがって、それはまったく不可説なる境地であって、具体的に表現することはできません。かくして、阿弥陀仏というものは、そういう人間の思惟を超えたところの、釈迦仏の「さとり」、その「いのち」を象徴的に表現したものであって、それはまさしく表現できないものを表現しているわけであります。宗教の世界では、そのような表現できないものを表現する手段のひとつとして、象徴表現という方法を用います。

その象徴表現とは、そういう超越的で表現不可能なものを、この世俗的な思考とその概念により、あたかも何々のようにといって、仮に類比的、譬喩的に表現することをいいます。だからそこではつねに、世俗の概念にもとづき、世俗の事物とその論理をもって説明しながら、また同時に、そのことを全面的に否定いたします。たとえば、『無量寿経』によりますと、極楽浄土の荘厳を説明するのに、その大地は七宝《しっぽう》によって成立し、その樹木は七宝によって飾られ、また七宝によって造られた宮殿・楼閣が聳えて、気候は四季がなくて快適であり、また百味の飲食があって自由にめぐまれるなどと、最上級の表現をもってその価値、功徳を讃歎いたしますが、それらの教説を結ぶについては、「我れただ汝がために略してこれを説くのみ。もし広く説かば百千万劫にも窮尽することあたわず」(『無量寿経』真聖全一、三〇頁)と明かしております。この世俗における最高の価値をもって縷々と解説しながらも、最後には、それらについてはとうてい説明できないというわけです。種々に説明しながらも説明できないということで、その説明のすべてを否定して、その言語、表現の彼方にあるものを指示しようとするわけです。

そのことについては、『大智度論』巻九に、

人指をもって月をさし、もって我に示教するに、指を看視して月を視ざるがごとし。

人語りていわく、我指をもって月をさし汝をしてこれを知らしむ、汝何んぞ指を看て月を看ざるやと。これまたかくのごとし、語は義の指となす、語は義にあらざるなり。

（大正二五、一二五頁）

と教示するところであります。いま私はあなたに指をもって、天上に輝く月を教えているのに、あなたはその指を見て、はるか彼方の月を見ないようなものだというわけです。その月とは、仏法の本義、その究極的な真実、「さとり」を意味し、その指とは、その本義を私たちに示教するところの、たんなる方便、手段としての言説、教法をいうわけで、本義と手段、真実とその象徴表現、指と月とを混同してはならないというわけです。この『大智度論』の文章は、親鸞もその「化身土文類」（真聖全二、一六六頁）に引用しているところです。また親鸞が、その「自然法爾法語」において、

弥陀仏は自然のやうをしらせんれうなり。（真聖全二、五三〇～五三一頁）

と語っているのも、同様に、阿弥陀仏なる名号もその仏像も、それは究極的な真実、法爾自然、宇宙世界に貫徹するところの真理、その道理についての、象徴表現にほかならないということであります。経典に教説される言葉は、すべて指月の指として、私たちにその本義、真実、真理を知らせるための象徴表現、その方便、手段であって、本義そのものではないということを、よくよく領解すべきでありましょう。

仏身としての象徴と仏名としての象徴

そしてまた仏教においては、その究極的な真実、仏の「さとり」というものを象徴表現するについては、基本的には、姿形によって、形像、仏身（仏像）として象徴するか、または言語によって、教説（経典）、仏名（名号）として象徴するかの、二種の手段、方法を用います。したがってまた、私たちがその仏、その「さとり」を体験する方法としては、仏身（仏像）の立場からは見仏の道が説かれ、また仏名（名号）の立場からは聞名の道が説かれることとなります。しかしながら、そのいずれにおいても、仏身と捉えるについても仏名と捉えるについても、それはあくまでも象徴表現、指月の指、本義に対する方便、手段であるということは、明確に認識すべきであります。

その点、今日の本願寺の伝統教学が、阿弥陀仏の名号を解説するについて、名体不二といい、願行具足、機法一体などといって、その名号、その言葉の中に、仏の力、その特定の能力、作用が宿っているように教説するのは、まったく非仏教的な発想で、そのことはかつて覚如や蓮如らが、民俗宗教化した西山浄土宗の教義を移入、模倣したことにはじまるわけで、そのような「お守り札」的な理解は、もはや仏教ではなく、浄土真宗が、明らかに日本古来の民俗宗教なる呪術信仰に転落していることを、ものの見事に証明しているところです。上に見たところでいえば、月を示教する指を、月そのものと誤解していることにほかなりません。まことに愚かな話であります。

（3）仏教原理と阿弥陀仏

仏教の根本原理

仏教の根本原理とは、いうまでもなく、三法印としての「諸行無常、諸法無我、涅槃寂静」なる思想であります。

その諸行無常とは、この世界のあらゆる存在、現象は、つねに変化し、流転してやむことがないということをあらわし、諸法無我とは、この世界のあらゆる存在、現象は、何ものも不変の本質、実体をもつものはなく、すべてが縁によって生起し、また消滅していくものであることをあらわし、涅槃寂静とは、私における我執、煩悩を滅し、それを転じて仏の「さとり」をひらくならば、安穏にして静寂なる人生、生活がひらけてくることを意味し、仏教とはそういう境地への到達をめざす教えであり、この三点こそが、仏教のよってたつところの根本原理であります。

そこでいまここで教説されるところの阿弥陀仏の思想とは、そのような三法印の原理とどう関係するものでしょうか。浄土教、阿弥陀仏思想が、大乗仏教の基本的原理にもとづいて語られているとするならば、それはこの三法印の思想、ことには諸行無常の原理と、諸法無我の原理に充分に相応するものでなければなりません。そして最後の涅槃寂静とは、基本的には、真宗における真実信心の内実に重層するものにほかなりません。

諸行無常と阿弥陀仏

そこでその無量寿と無常の思想とは、いかなる関係にあるかということですが、キリスト教においては、古代ギリシャの思想では、万物は流転し、一切は無常であるといいますが、キリスト教の神（ヤハウェ）のみは流転することなく、永遠にして不滅の存在であると語ります。キリスト教の神だけは特別に例外であるというわけです。しかしながら、仏教ではそういう例外はまったく認めません。一切が無常です。したがって阿弥陀仏もまた、諸行無常の原理の中の存在でしかありません。〈初期無量寿経〉の『大阿弥陀経』によりますと、

仏言わく。阿弥陀仏その然る後に至りて、般泥洹《はつないおん》したまはば、その盧楼亘《がいろこう》（観音）菩薩、すなわち、まさに作仏して道智典主を総領し、世間および八方上下に過度せんとするところの、諸天人民蜎飛《けんぴ》蠕動《ねんどう》の類を教授して、みな仏泥洹の道をえしむ。その善福徳、まさにまた大師阿弥陀仏のごとくなるべし。住止すること無央数劫、不可復計劫なり。ただ大師にのっとりてしかり、すなわち般泥洹す。その次に摩訶那鉢《まかなはつ》（勢

至）菩薩、まさにまた作仏して智慧を典主し、教授を総領して過度するべし。（真聖全一、一五八～一五九頁）

と明かすところです。『平等覚経』（真聖全一、一〇七頁）でも同じように説かれております。阿弥陀仏はやがて入滅し、そのあとは観音菩薩が成仏して衆生を教導、摂取し、さらにそののちには勢至菩薩が成仏するというわけです。阿弥陀仏もまた諸行無常の根本原理の中の存在だということです。

ただし〈後期無量寿経〉の『無量寿経』では、

その寿命の長遠の数を計らんに窮尽してその限極を知ることあたわず。（真聖全一、一七頁）

と説き、また『サンスクリット本』では、

その寿命の量はこれほどの劫、（中略）その量を知ることは容易ではない。そういうことで、アーナンダよ、かの世尊の寿命の量はまさしく無量であり、無際限である。それゆえに、かの如来はアミターユス（無量の寿命をもつ者）と呼ばれる。（藤田宏達訳『梵文和訳・無量寿経・阿弥陀経』八八頁）

と語って、その寿命は無限、無量であるといっております。〈初期無量寿経〉では、阿弥陀仏とは、その寿命に終局があるといい、〈後期無量寿経〉では、その寿命は無量、無限であるといいますが、そのことはいかに理解すべきでしょうか。ここには阿弥陀仏思想の発展、深化が見られるわけですが、私の領解するところでは、その〈初期無量寿経〉で、阿弥陀仏が入滅すると説くものは、この浄土教が、明確に仏教の原理に順じて教説されていることを示すものです。そして〈後期無量寿経〉において、その入滅を語ることなく、寿命が無量であるというのは、これもまた諸行無常の原理に従うものであって、そのことはすでに上において述べたように、この阿弥陀仏とは、釈迦仏の「さとり」、その「いのち」を象徴表現したものであるところ、ここで阿弥陀仏の寿命が無量であるとは、その釈迦仏の「さとり」、その教法、すなわち、そういう諸行無常という原理そのものが、永遠にして不変であるということを明かしたものでありましょう。だからここでいう無量寿とは、たんに実体的な仏の寿命が無量であるということではありません。阿弥陀仏は本来的には入滅するのです。そのことは『無量寿経』においては、阿弥陀仏以前の過去仏を五十四仏、『如来会』ではそれについて四十二仏、また『サンスクリット本』では八十一仏を掲げていることによっても、よくよく知られてくるところでしょう。ここで阿弥陀仏が無量寿であると説くことは、その阿弥陀仏が象徴表現しているところの、釈迦仏の「さとり」、その教法が、永遠にして、不変であることを意味していることにほかなりません。

諸法無我と阿弥陀仏

そしてまた、その阿弥陀仏と無我の思想とは、いかなる関係にあるかということについては、その無我とは、この世界におけるあらゆる存在は、すべて因縁生起《いんねんしょうき》、縁起《えんぎ》したものであって、何ら固定的、実体的なものではなく、無自性《むじしょう》、空《くう》であるということを意味します。このような無我、縁起、無自性、空という思想は、大乗仏教、とくには龍樹の教学において明確化されたものですが、それが釈迦仏の「さとり」の内実の展開において、説かれたものであることはいうまでもありません。その点、阿弥陀仏が、釈迦仏の「さとり」の象徴表現であるところ、その阿弥陀仏とは、またそういう無我、縁起、無自性、空の原理を象徴表現したものともいいうるわけです。親鸞は、その「自然法爾法語」において、

　弥陀仏は自然のやうをしらせんれうなり。（真聖全二、五三〇～五三一頁）

と明かしておりますが、ここでいう自然とは、

　自はおのづからといふ、行者のはからひにあらず、しからしむといふことばなり。然といふはしからしむといふことば、行者のはからひにあらず。（真聖全二、五三〇頁）

というように、人間の判断、作為、そういう我執をはるかに超えたものであって、それは帰するところ、上に述べた無我、縁起、無自性、空の論理に重なる思想であります。その

点、親鸞のこの言葉は、阿弥陀仏というものが、まさしくそういう仏教の根本原理、無我の道理を、私たちに「しらせんれう」（知らせるための方法、手段）に、ほかならないことを意味するわけで、釈迦仏の「さとり」、その教法が説示しているところの無我の道理もまた、阿弥陀仏という象徴表現の内実におさまるものであります。

涅槃寂静と真実信心

そしてまた、その涅槃寂静と阿弥陀仏思想、すなわち、その涅槃寂静なる仏の「さとり」の境地と、阿弥陀仏をまさしく体験、領解したところの真実信心の両者は、本質的にはそのまま重なるものでありましょう。親鸞がその「行文類」に、元照の『観無量寿経義疏』の、

元照律師のいはく。あるいはこの方にして惑を破し真を証すれば、すなはち自力をはこぶゆえに、大小の諸経に談ず。あるいは他方にゆきて法を聞き道を悟るは、すべからく他力をたのむべきがゆえに、往生浄土をとく。彼此ことなりといへども方便にあらざることなし。自心を悟らしめむとなり。已上。（大正三七、二七九頁・真聖全二、三八頁）

という文を引用するとおりです。その文の意味は、この娑婆世界において、煩悩を断ち

きって真如を「さとる」ということは、自力をもって精進するからです。そのことは大乗仏教や小乗仏教の多くの経典に説かれています。またこの世界をはなれて他方の浄土にいって、仏法を学んで仏の「さとり」をひらくには、もっぱら他力によるべきです。そのために浄土往生の道が説かれるのです。その両者、自力と他力の教えは異なっていますが、ともに成仏のための道にほかならず、いずれも自分自身の心性に、仏の「さとり」をひらかせるためのものであります。ということで、浄土教における信心もまた、仏の「さとり」に重層するということです。

そしてまた親鸞が、その『浄土和讃』において、

解脱の光輪きはもなし　　光触かふるものはみな
有無をはなるとのべたまふ　　平等覚を帰命せよ（真聖全二、四八六頁）

と説きますが、この文は、真実信心をひらくものは、その必然として、「有無をはなれ」た立場に立つことができると教示したものです。ここでいう「有無をはなれる」とは、あらゆる存在を捉えるについて、それを有（存在）であると見る立場と、それを無（非存在）であると見る立場の、両者に固執することを否定して、一切は有にして無、無にして有なる、非有非無なる存在であると領解することをいいますが、そのことはまた、上に述べたところの無我、縁起、無自性、空の論理に重なるものでもあって、親鸞によれば、真

実信心に生きるならば、そういう無我の原理に導かれて、有無をはなれた人生、そういう新しい人生を歩んでいくことができるというわけであります。すなわち、そのことを私における死をめぐって分かりやすくいうならば、その信心において、すでにいまここにして仏の生命を生きているかぎり、死後が有ろうと無かろうと、まったく問題ではないという、有無を超えたところの人生がひらけてくるわけで、真宗において信心を開発し、浄土に往生するとは、まさしくそういう有無を超えたところの、仏の生命を生きていくことを意味するわけです。その点、真宗信心に生きるということは、本質的には、涅槃寂静なる、仏の「さとり」に重なるともいいうるでありましょう。

2 浄土

(1) 浄土往生の思想

他方仏土の思想

もともと仏の「さとり」をめざす仏道とは、この現世、この現身において発願、修行し、この現世においてこそ、その「さとり」をひらくことをめざすものであります。しかしながら、釈迦仏の滅後、次第に年月が過ぎていきますと、その「さとり」はいよいよ高く捉えられ、他方それを求める人間の能力は、いっそう低く見られることとなり、その仏の「さとり」を開覚することは、容易ではないと考えられるようになってきました。

かくしてその仏道を修めるについては、この現身の一生涯では無理であって、何度も生まれかわりながら、その修行を継続していくことが必要であるというように考えられてきました。そこで当時の部派仏教においては、インドの民俗信仰において、この現世で善根を積むならば、来世においては天上界に転生することができるという生天思想に注目し、それを借用、摂取することによって、何度も繰りかえして天上界に転生することにより、そこで仏の「さとり」を求めて修行することが語られるようになりました。かくしてその天上界への転生によって仏道の修習を重ねて、ついに仏の「さとり」をひらいたものを阿《あ》羅《ら》漢《かん》（arhan）と呼びました。

ところが、他方において、その原始仏教から部派仏教の時代にかけて、過去、現在、未来なる三世諸仏の思想が萌芽し、さらに大乗仏教に至ると、新しく菩薩の思想が生まれ、その発展、深化によって、この宇宙には、その菩薩たちの誓願と修行によって建立された仏土が、無数に存在すると説かれるようになってきました。たとえば、阿弥陀仏の西方極楽浄土、阿《あ》閦《しゆくぶつ》仏の東方妙喜浄土、薬師仏の東方浄瑠璃浄土などがそれであります。そこで仏道を修めるについては、釈迦仏の入滅によって無仏となったこの現実の娑婆《しやば》世界よりも、仏がましますこれらの他方仏土に生まれて、そこで値仏し、聞法しながら仏道を修めることが、何よりも好都合であると考えられるようになりました。

かくして、このような他方仏土往生の思想は、上に見たところの生天思想と容易に重層することとなり、仏道を修める人々は、なお迷界でしかない天上界に生まれるよりも、このような仏土、浄土に生まれたいと願うこととなりました。いまここで語られる阿弥陀仏の浄土に往生するという思想は、そういう他方仏土思想の生成にもとづいて、新しく説かれることとなったものであり、人々はこのようにして、阿弥陀仏の浄土に往生し、そこで値仏、聞法して、さらに仏の「さとり」を求めて修行し、成仏することを願ったわけであります。

ところで、その阿弥陀仏の浄土とは、いかなる荘厳をもって成立し、その性格はいかなる内容をもっているものでしょうか。いまはそのことについて、〈初期無量寿経〉と〈後期無量寿経〉とを対比しつつ、それぞれその特色ある性格を項目化して掲げますと、およそ次のようになります。

（2）〈初期無量寿経〉における浄土の性格

国土について

○西方にある。
○三悪道がない。
○大地は七宝でできている。
○須弥山、海、河、山、谷はない。
○日、月、星辰はある（昼夜がある）。
○春夏秋冬の四季がない。
○七宝の流水、浴池がある。
○七宝の樹木がある。
○各種の音楽がある。
○七宝の講堂、精舎がある。
○百味の飲食がある。

聖聚について

○菩薩と阿羅漢のみである。
○相好は端正にして異形がない。
○婦女がいなくて女性が往生すると転じて男性となる。
○往生人は心意浄潔、智慧勇猛である。
○往生人は自然虚無の身、無極の体をうける。
○阿弥陀仏より『道智大経』を聞法する（ただし『平等覚経』では「経を聴く」という）。
○菩薩は諸仏を供養する。
○各自の願いによって、小乗の声聞四果、大乗の不退転地の益をうることができる。

浄土の特色

○諸仏国土の中の最勝の浄土
「阿弥陀仏国は、もっとも快くして、八方上下の無央数の諸仏国土の中の衆の善の王なり、諸仏国中の雄なり、諸仏国中の宝なり、諸仏国中の寿の極長久なり、諸仏国中の衆傑なり、諸仏国中の広大なり、諸仏国中の都、自然の無為なり、最快明好、甚楽の無極なり」（『大阿弥陀経』真聖全一、一五六頁・『平等覚経』真聖全一、一〇二～一〇

三頁）

○倫理的性格の濃厚な浄土

「皆あい敬愛して、あい嫉憎するものなし。皆長幼上下の先後をもって之を言う。義をもってし礼にかないて、うたた相敬すること兄のごとく弟のごとし。仁をもって義をふみ、みだりに動作せず。言語誡のごとく、うたた相教せしめ、あい違戻せず、うたたあい承受して、みな心浄潔にして貪慕するところなく、ついに瞋怒、淫泆の心、愚痴の態なく、邪心にして婦女をおもう意あることなし」（『大阿弥陀経』真聖全一、一四四頁・『平等覚経』真聖全一、八四頁）

○仏道修行の場所としての浄土

「いまだ須陀洹道《しゅだおんどう》をえざる者はすなわち須陀洹道をえ、いまだ斯陀含道《しだごんどう》をえざる者はすなわち斯陀含道をえ、いまだ阿那含道《あなごんどう》をえざる者はすなわち阿那含道をえ、いまだ阿羅漢道《あらかんどう》をえざる者はすなわち阿羅漢道をえ、いまだ阿惟越致《あゆいおっち》をえざる菩薩はすなわち阿惟越致をうるなり。おのおの自ら経を説き道を行じて、ことごとく皆道をえて歓喜し踊躍せざる者なきなり」（『大阿弥陀経』真聖全一、一五〇頁・『平等覚経』真聖全一、九一〜九二頁）

（3）〈後期無量寿経〉における浄土の性格

国土について

○西方にある。
○三悪道がない。
○大地は七宝でできている。
○須弥山、海、河、山、谷はない。
○春秋冬夏の四季がない。（『無量寿経』以外では日、月、星辰がないという）
○七宝の樹木がある。
○巨大な一本の道場樹がある。
○各種の音楽がある。
○七宝の講堂、精舎がある。
○浴池には八功徳水がある。
○食事は自然に飽足して摂る必要がない。
○衣服、華香などは意に従って現われる。
○蓮華から光明が輝きその中から仏が現われる。

聖聚について

○菩薩と声聞のみである。
○その相好は端正にして異形がない。
○往生人はひとしく不退転地に住する。
○往生人は智慧高明、神通洞達する。
○往生人は自然虚無の身、無極の体をうける。
○菩薩は一生補処の位に住する。
○他方仏国の菩薩の往覲がある。
○胎生、化生の二種の往生人が存在する。

浄土の特色

○般若思想を受容した浄土
「阿難もし彼の国の人天、この樹を見る者は、三法忍をえん。一には音響忍、二には柔順忍、三には無生法忍なり」（『無量寿経』真聖全一、一九頁、同意趣として『如来会』真聖全一、一九九頁、『サンスクリット本』藤田宏達訳『梵文和訳・無量寿経・阿弥陀経』一一八頁）

「空、無相、無願三昧、不生、不滅もろもろの三昧門を修めて、声聞、縁覚の地を遠離せり」（『無量寿経』真聖全一、三〇頁、同意趣として『如来会』真聖全一、二〇八頁、『サンスクリット本』藤田宏達訳『梵文和訳・無量寿経・阿弥陀経』、一二七頁）

○一生補処の世界としての浄土

「仏阿難に告げたまわく、彼の国の菩薩は皆まさに一生補処を究竟すべし」（『無量寿経』真聖全一、二七頁、同意趣として『如来会』真聖全一、二〇五頁、『サンスクリット本』藤田宏達訳『梵文和訳・無量寿経・阿弥陀経』一一九頁）

以上、阿弥陀仏の浄土をめぐるおよその性格について、項目的に解説しました。その〈初期無量寿経〉における特色としては、日、月、星辰があり、昼夜があると説かれ、またその浄土には女性がいないということですが、これらのことは〈後期無量寿経〉では説かれません。またこの〈初期無量寿経〉の浄土は、仏道修行の場所として、きわめて倫理的な性格が濃厚であることは注意されるところです。また〈後期無量寿経〉においては、浄土に一本の巨大な道場樹があると説かれ、それを見るものは三法忍をうると説いておりますが、この三法忍の思想、および浄土の菩薩が、空、無相、無願の三昧、不生不滅の三昧を修めるというような経説は、明らかに〈般若経〉における空思想の影響をうけていることが知られて、〈後期無量寿経〉は、〈初期無量寿経〉から、そのほかを含めて、思想的に大きく発展、深化をとげていることがうかがわれます。

三　〈無量寿経〉における阿弥陀仏の本願

1　本願文の比較対照表

次にこの〈無量寿経〉に説かれるところの、阿弥陀仏の本願の思想について考察することといたします。本願とは、ひろく諸仏や菩薩について語られるもので、その原語は、pūrva-praṇidhāna といわれ、pūrva とは「以前の」「昔の」という意味をあらわし、praṇidhāna とは「心を前におく」という意味で、願、誓願と訳されております。かくして、ここでいう本願、誓願とは、阿弥陀仏が成仏する以前、法蔵菩薩であったときに抱いたところの願、誓願ということをあらわします。

そこでこの阿弥陀仏の本願については、すでに上にも述べたように、〈初期無量寿経〉と〈後期無量寿経〉および『荘厳経』によって、その数量が相違しているところであって、それは大きく分類すると、二十四願と三十六願と四十八願の三種類に分類することができます。そこでその内容について比較検討することといたしますが、まずそれらを比較対照して表示しますと次のようになります。（願名は基本的には『無量寿経』における伝統的な願名に準じて私に付した。）

本願文比較対照表

	〈初期無量寿経〉大阿弥陀経（二十四願）	〈初期無量寿経〉平等覚経（二十四願）	〈後期無量寿経〉無量寿経（四十八願）	〈後期無量寿経〉如来会（四十八願）	〈後期無量寿経〉サンスクリット本（四十七願）	〈別系統〉荘厳経（三十六願）
1	無三悪趣	無三悪趣	無三悪趣	無三悪趣	無四悪趣	無三悪趣
2	転女化生	不更悪趣	不更悪趣	不更悪趣	不更悪趣	諸根寂静
3	国土荘厳	悉皆金色	悉皆金色	悉皆金色	悉皆金色	供養諸仏
4	諸仏称揚	無有好醜	無有好醜	無有好醜	無有好醜	宿命智通
5	聞名往生	宿命智通	宿命智通	宿命智通	神足智通	天眼智通
6	善根往生	天眼智通	天眼智通	天眼智通	宿命智通	他心智通
7	菩薩道往生	他心智通	天耳智通	天耳智通	天眼智通	離顚倒想
8	不更悪趣	神足智通	他心智通	他心智通	天耳智通	遍円寂界
9	無有好醜	天耳智通	神足智通	神足智通	他心智通	聖聚仏事
10	他心智通	漏尽智通	漏尽智通	漏尽智通	漏尽智通	聖聚光明
11	無有三毒	必至滅度	必至滅度	必至滅度	必至滅度	聖聚長寿
12	敬愛無嫉	聖聚無数	光明無量	光明無量	聖聚無数	無不善名

13	供養諸仏	光明無量	寿命無量	寿命無量	光明無量	念仏往生
14	飲食自然	寿命無量	聖聚無数	聖聚無数	眷属長寿	聞名往生
15	三十二相	眷属長寿	眷属長寿	眷属長寿	寿命無量	三十二相
16	説経如仏	無有悪心	離譏嫌名	離譏嫌名	離譏嫌名	修浄梵行
17	神通殊勝	諸仏称揚	諸仏称揚	諸仏称揚	諸仏称揚	随意満願
18	説経殊勝	菩薩道往生	聞名往生	聞名往生	聞名往生	成一切智
19	寿命無量	聞名往生	諸善往生	諸善往生	聞名往生	神通供養
20	聖聚無数	一生等（一生補処）	称名往生	称名往生	三十二相	諸仏受供
21	眷属長寿	三十二相	三十二相	三十二相	一生補処	供具如意
22	宿命智通	供養諸仏	一生補処	一生補処	供養諸仏	那羅延身
23	聖聚光明	飲食自然	供養諸仏	供養諸仏	供具如意	安立智慧
24	光明無量	説経如仏	供具如意	供具如意	説一切智	宝香合成
25			説一切智	説一切智	諸仏受供	仏刹厳浄
26			那羅延身	那羅延身	那羅延身	恒受快楽
27			所須厳浄	所須厳浄	所須厳浄	女人成仏
28			見道場樹	見道場樹	見道場樹	聞名不退
29			得弁才智	得弁才智	得弁才智	聞名功徳
30			智弁無窮	智弁無窮	国土清浄	衣服随念
31			国土清浄	国土清浄	宝香合成	聞名得忍

32			宝香合成	宝香合成	華雨楽雲	聞名見仏
33			触光柔軟	触光柔軟	触光柔軟	住無功用
34			聞名得忍	聞名得忍	聞名得忍	住定敬仏
35			女人成仏	女人成仏	女人成仏	聴法随意
36			常修梵行	常修梵行	人天致敬	聞名三忍
37			人天致敬	人天致敬	衣服随念	
38			衣服随念	衣服随念	受楽無染	
39			受楽無染	受楽無染	樹生荘厳	
40			見諸仏土	見諸仏土	諸根具足	
41			諸根具足	諸根具足	住定見仏	
42			住定供仏	住定供仏	生尊貴家	
43			生尊貴家	生尊貴家	具足徳本	
44			具足徳本	具足徳本	定中供仏	
45			住定見仏	定中供仏	随意聞法	
46			随意聞法	随意聞法	聞名不退	
47			得不退転	得不退転	得三法忍	
48			得三法忍	得三法忍		

2　『大阿弥陀経』の本願文

そこでまず〈初期無量寿経〉について、ことにその中でも、もっとも古いといわれる『大阿弥陀経』の本願文について見ることとしますが、ここでは一目して、その願文の配列が雑然としていて未整理であるといわざるをえません。そこでいまは、その中の衆生摂取の願として、浄土往生の行道を誓った願についてのみ見ることといたします。すなわち、それはその中の第五願文、第六願文、第七願文において明記されており、その第五願文では、不善作悪者の仏道にして聞名にもとづく悔過作善《けかさぜん》の道を、第六願文では、一般在家者の仏道として遶塔焼香などの仏塔を中心とする善根の道を、第七願文では、菩薩道に入って六波羅蜜行を修めるか、または出家して持戒作善の道を修めるように教説しております。そしてここでは、そのあとにこの三願に対応するものとして、上、中、下の三輩往生の文が明かされております。その第一の上輩者は、上に見たところの第七願文に対応するもので、出家者の道として六波羅蜜行を奉行するならば、今生においては夢中に見仏し、また臨終には来迎をえて往生し、浄土において不退転地に住することとなるといいます。そして第二の中輩者は、上の第六願文に対応するもので、在家者にして仏塔中心の善根を修め、また出家者に布施するならば、夢中に見仏し臨終に来迎をえて往生するといいます。そして第三の下輩者は、上の第五願文に対応すると考えられますが、その行業については、いささかその内容が齟齬しており、一心に念仏願生して十日十夜不断のもの、十善を修め願生して十日十夜不断のもの、一心に斎戒して願生一日一夜不断のものは、いずれも往生するといいます。ただし、この三輩の文において、その中輩者と下輩者については、その行道について、狐疑不信の心があるものは化土に往生して、五百年の間は、阿弥陀仏を見ることができないと明かしております。

なおまたこの『大阿弥陀経』においては、その浄土往生の行道をめぐって、上に見たところの第五願文、第六願文、第七願文と、それに対応する上、中、下なる三輩往生の道のほかに、さらにまた、その第四願文において、阿弥陀仏は十方の諸仏をしてその浄土の善妙を教説せしめ、その名号を聞いて、慈心、すなわち信心をうるものは往生させると誓い、またその第二十四願文においても、その仏身の光明を見て慈心、信心をうるものは往生させると誓っております。そしてその両願文については、その成就文に相当する文があって、

阿弥陀仏の光明と名とは、八方上下無窮無極無央数の諸仏国に聞かしめたまう。諸天人民聞知せざることなし、聞知せんもの度脱せざるはなきなり。（真聖全一、一四二頁）

と明かし、「阿弥陀仏の光明を見る」「阿弥陀仏の声を聞く」（真聖全一、一四二頁）ならば、浄土に往生をうると説いております。その点、この『大阿弥陀経』において教説される浄

土往生の行道とは、上に見たところの第五願文の不善作悪者の道、第六願文の一般在家者の道、第七願文の出家者の道と、それに対応する上、中、下なる三輩往生の三種の行道と、そのほかに、この第四願文にもとづく聞名往生の道と、第二十四願文にもとづく見光往生の道の二種の行道が明かされているわけです。そこでその願文におけるはじめの三種の行道と、あとの二種の行道の関係はどうなのか。まったく不明といわざるをえません。この『大阿弥陀経』の本願文の未整理性がここでも指摘されるということでしょうか。ともあれ、以上が〈無量寿経〉における、もっとも原形なる行道思想の内実であります。

3　『平等覚経』の本願文

そこで次に、同じ〈初期無量寿経〉に属する『平等覚経』の本願文について見ることとします。ここでは上に見た『大阿弥陀経』の本願文を継承しながらも、かなり整理されており、それはまた〈後期無量寿経〉に大きく影響を及ぼしていることがうかがわれます。そこでその二十四願文の全体を私的に分類しますと、（1）人土成就の願（第一願文～第十一願文）、（2）仏身荘厳の願（第十二願文～第十七願文）、（3）衆生摂取の願（第十八願文・第十九願文）、（4）救済勝益の願（第二十願文～第二十四願文）の四種に区分できるように思われます。

（1）人土成就の願

その人土成就の願とは、はじめの第一願文から第十一願文までをいい、ことにその第一願文から第四願文を、あえて真宗聖典学の視座からして、往生人の主体的な在り方（人）と、社会的な在り方（土）とに区分し、その人（人間性）と土（社会性）の理想像について誓ったものと捉えて、そのようにいうわけです。

すなわち、その第一願文の無三悪趣の願、第二願文の不更悪趣の願は、直接的には浄土そのものに、三悪趣が存在しないこと、および往生人は再び三悪道に退転しないことを誓ったものですが、その『大阿弥陀経』の第十一願文によると、浄土の往生人には、貪欲、瞋恚、愚痴の三毒の煩悩がなくなると誓い、また『平等覚経』の第十六願文でも、それを継承して、往生人にはそのような悪心がないようにと誓っております。そしてまた、そのことは〈後期無量寿経〉では、『無量寿経』、『如来会』、『サンスクリット本』のいずれにおいても、その第十六願文では離譏嫌名の願として、浄土の往生人については不善の心がなく、さらにはそういう名前さえもないようにと誓っております。かくしてこのことを、この第一願文の無三悪趣の願、第二願文の不更悪趣の願に重ねて捉えることにより、ここでいう浄土に三悪趣がないということを、往生人の主体的な在り方として理解するならば、往生人には三悪道の心、貪欲、瞋恚、愚痴の三毒の煩悩がなくなり、そういう心は再び生起することがないとも領解できると思われます。

そうすると、その次の第三願文の悉皆金色の願、第四願文の無有好醜の願とは、上の往生人の個人的な理想的在り方に対応するところの、浄土の往生人の社会的な理想的在り方について誓ったものと領解され、浄土の往生人の身体はすべて金色に輝き、その相好についても何らの好醜、美穢の差別がなくて、すべてが平等、無差別にして、清浄、美麗であるようにと誓ったものと考えられます。このような第三願文と第四願文は、当時のインドの社会、ことにはこの浄土教が生成してきたと考えられる、西北インドの社会的な事情が反映していると推察されるところです。すなわち、そこは東西文明の交流地域として、さまざまな異質なる民族、人種の混在する社会が成立し、またそれぞれの異なった文化、思想、生活様式の交錯する状況が出現したであろうと思われます。そしてそのことの必然として、インド伝統の厳しい階級差別が発生したことでありましょう。いまここで第三願文と第四願文において、浄土の往生人の社会的、理想的な在り方が、まったく平等にして無差別であるようにと誓っているものは、当時のそのような、社会的な状況を反映して生まれたものであろうと思われます。

かくして私は、この第一願文の無三悪趣の願と、第二願文の不更悪趣の願とは、浄土の往生人の個人性について、三悪道の心、三毒の煩悩なる悪心がなくなって、人格的に成熟をとげることを願ったものであり、次の第三願文の悉皆金色の願と、第四願文の無有好醜の願とは、当時の社会的状況の反映として、浄土の往生人をめぐる社会性について、それが平等にして無差別であるように、その社会が改造され、向上することを願ったものであると領解したいと思います。

そしてそのことは、当時の浄土教を生成せしめた人々が、その釈迦仏の「さとり」、その「いのち」の永遠化、象徴化として、新しく阿弥陀仏なる仏を感得し、それを崇拝、信奉しながらも、自分たちの個人的な在り方、その理想像としては、まず何よりも三悪道の心、三毒の煩悩の制御、断滅を願って、あるべき理想の人間、人格として成熟することを願求したことを意味します。そしてまた、自分たちの社会的な在り方、その理想像としては、何よりも何らの支配者と被支配者の区別がなくて、すべての民衆が平等、無差別で、あるべき平安なる理想の社会、世界として成熟するように願求したことを物語るものでありましょう。

その点、この浄土教において、阿弥陀仏の本願を明かすについて、まず何よりも先に、このような人間個人におけるあるべき理想像と、社会全体におけるあるべき理想像をめぐる誓願が明かされていることは、この浄土教が志向している基本的な性格をよく物語るもので、浄土教を学ぶについては充分に留意すべきところでありましょう。

　そしてこの『平等覚経』では、そういう誓願のあとに、浄土に往生したものに付与される特別の能力、功徳について、第五願文の宿命智通の願、第六願文の天眼智通の願、第七願文の他心智通の願、第八願文の神足智通の願、第九願文の天耳智通の願、第十願文の漏尽智通の願の六神通《ろくじんづう》の超能力を身にうることを誓います。その第五願文の宿命智通とは、自分自身の過去の一切の歴史について知りとおす能力をいい、その第六願文の天眼智通とは、あらゆる十方世界の状況を一時に見とおすことのできる能力をいい、第七願文の他心智通とは、十方世界のあらゆる生けるものの心の動きを一時に知りつくす能力をいい、第八願文の神足智通とは、あらゆる十方の世界に向かって瞬時に移動し、到達することができる能力をいい、第九願文の天耳智通とは、十方世界のあらゆる音声を一時に聞くことのできる能力をいい、第十願文の漏尽智道とは、ここでいう漏とは煩悩のことで、往生人は一切の執着、煩悩の心を滅することができることをいいます。以上、浄土に往生すれば、このような六種の通力、超能力を身にうることができるというわけです。

　このような通力は六神通ともいわれて、『阿毘達磨俱舎論』にも説かれるところであり、この世俗を超えたところの超能力を意味しますが、はじめの五種は、当時の人々が夢に描いたところの超能力について語ったものであり、最後の漏尽智通とは、煩悩の断滅のことで、仏教が最終の目標とするところであります。

そしてその最後の第十一願文の必至滅度の願とは、その本文は、

我が国中の人民、ことごとく般泥洹に住止せん。(真聖全一、七八頁)

と明かすわけですが、この文は、浄土に往生した人々は、すべてやがて仏の「さとり」をうることに住止する、決定するということを意味するものでしょう。とすると、それは不退転地の益を語っているとも理解できるところであります。ただし、この『平等覚経』では、その第十八願文の菩薩道と、それに対応する上輩者の道を行ずる者は、浄土に往生して不退転地の益をうると明かしますが、それ以外の行道では語りません。いささか問題が残るところです。なおまた、『大阿弥陀経』および『平等覚経』では、上の〈初期無量寿経〉における浄土の性格のところで指摘したように、浄土に往生したものは、各自の願いによって、小乗の声聞四果と、大乗の不退転地の益をうることができる、と明かしていることは注意されるべきでありましょう。ともあれ、ここには願文と経説の不一致が見られます。以上が第一願文から第十一願文までの人土成就の願の内実です。

(2) 仏身荘厳の願

そして次の仏身荘厳の願とは、第十二願文から第十七願文までをいいます。その中の第

十三願文では、阿弥陀仏の光明は諸仏の光明よりもすぐれて、あらゆる世界を遍照し、その光明を見るものは、すべてひとしく浄土に往生せしめようと願っていると説きます。この文は、上に見たところの『大阿弥陀経』の第二十四願文の意趣の延長として説かれているところです。そしてまた、その第十七願文においては、阿弥陀仏は、諸仏をして十方世界にその名号を流布せしめ、それを聞くものは、すべて浄土に往生させようと願っていると明かします。この文は、すでに上に見たところの、『大阿弥陀経』の第四願文の意趣を継承しているわけです。そしてそれら両願文の成就文相当の文とも思われる文も説かれており、それは『大阿弥陀経』における成就文相当の文と、ほとんど同じ文章で、「無量清浄仏の光明を見る」「無量清浄仏の声を聞く」（真聖全一、八二頁）ならば、浄土に往生をうることができると説いております。この両願は仏身荘厳の願であって、ただちに衆生摂取の願としての、行道について誓ったものではありませんが、『大阿弥陀経』の思想を継承して、その仏身荘厳の願として明かされたものでありましょう。

そしてまた、次の第十四願文においては、阿弥陀仏の寿命は無量であって、その限界を知ることができないほど長寿であると誓っております。このことはその前の第十三願文の光明が無量であることに重なって、阿弥陀仏の仏名が、アミターバ（光明無量）、アミターユス（寿命無量）であることにかかわる誓願であります。ただし、その〈初期無量寿経〉においては、阿弥陀仏はついには入滅すると教説されていることは、すでに上において述べたところであります。

なおまた、上において種々と解説してきたように、この阿弥陀仏思想とは、釈迦仏崇拝の深化、その昇華において、釈迦仏の「さとり」、その「いのち」の象徴表現として生成してきたものでありますが、その象徴表現については、宗教的な象徴においては、一般には姿形として象徴されるか、または言語として象徴されるわけであります。そしてそれが仏教においては、姿形として象徴される場合には、仏身、仏像、さらには変相図として表現され、言語として象徴される場合には、仏名、名号、さらには経典として表現されることとなります。そしてそのことにもとづいて、その阿弥陀仏に値遇し、それを体験するためには、それが姿形、仏身として象徴される場合は、それは見るものとして見仏の道が語られることとなり、それが言語、仏名として象徴される場合には、それは聞くものとして聞名の道が教えられることとなります。いまここで『大阿弥陀経』および『平等覚経』が、阿弥陀仏の仏身荘厳をめぐる誓願において、阿弥陀仏は、十方世界に向かってその光明を遍照しており、その光明を見るものは浄土に往生すると明かし、また阿弥陀仏は、十方世界に向かってその名号を流布しつつ、その名号を聞くものは浄土に往生することができると説くものは、このような二種の象徴表現にもとづくところから語られたものであります。

しかしながら、すでに見たように、その『大阿弥陀経』における行道をめぐる願文では、その第五願文に不善作悪者の道としての聞名にもとづく行道が誓われ、またのちに見るように、この『平等覚経』における行道をめぐる願文でも、その第十九願文に同じように、不善作悪者の道として、聞名にもとづく行道が誓われているわけであります。その点、この『大阿弥陀経』と『平等覚経』は、ともにその仏身荘厳の願においては、名号流布と光明遍照にもとづく聞名と見光の二種の道が見られますが、その正式な行道として誓願された衆生摂取の願においては、明らかに聞名の道が説かれているところであります。この仏身荘厳の願における聞名、見光の道と、衆生摂取の願における聞名の行道とはいかなる関係をもつものでありましょうか。それについては詳細は不明であり、この〈初期無量寿経〉における行道思想の未整理性が指摘されるところであります。しかしながら、この聞名の道に対する重視の視点については、すでに『浄土教理史―真宗シリーズ3』（九四頁以下）において、いろいろと解説したように、『大智度論』および龍樹の『十住毘婆沙論』によると、仏身を見るという見仏の道は、なお至難の道、難行道であって、名号を聞くという聞名の道は、容易な道、易行道であると説かれるところであって、いまこの〈初期無量寿経〉における行道としては、不善作悪者の道として、その易行道なる聞名の道が教説されているわけであります。もってこの〈初期無量寿経〉の行道の性格がよくうかがわれるところであります。

そしてまた、のちにおいてその詳細を明かしますが、この〈無量寿経〉における行道は、〈後期無量寿経〉に至ると、次第に見光の道が消滅して、もっぱら聞名の道が強調されることとなってきます。このことについては充分に注目されるべき点でありましょう。

(3) 衆生摂取の願

そこで次の衆生摂取の願とは、第十八願文と第十九願文をいい、その第十八願文は、菩薩の行道を誓い、そこではつねに念仏して心を浄潔にするならば、臨終に来迎見仏をえて往生し、不退転地に住することができると明かします。この願は『大阿弥陀経』の第七願文の出家者の道の延長、展開と考えられますが、ここでは出家することが要求されず、ただ菩薩道を行ずると語られております。また次の第十九願文は、不善作悪者の道で、聞名にもとづく作善によって往生をうると誓っております。この願文が『大阿弥陀経』の第五願文の延長、展開であることは明瞭です。問題は、この『平等覚経』における行道については、以上の二願文のみが明かされて、一般在家者の行道が消滅していることです。『大阿弥陀経』では、「分檀布施し、塔を遶りて香を焼き、花を散じ燈を燃し、雑繒綵《ざつぞうさい》を懸け、沙門に飯食せしめ、塔を起て寺を作る」(真聖全一、一三七頁)などと明かされた一般在家者の善根修習の道が語られません。このことは、その行道の内容が、釈迦仏の遺骨を祀った仏塔に対する供養が中心であるところ、この阿弥陀仏思想が、その成立根拠となったところの、仏塔帰依の思想、釈迦仏崇拝の思想から、次第に離反し独立していったということを意味するものでありましょう。かくして、この『平等覚経』では、その一般在家者の行道は、第十八願文に統摂されているわけで、そこでは『大阿弥陀経』に説かれていたような出家するという条件が消滅して、たんに「菩薩道を作すもの」と明かされるところです。

ただし、その本願文の中で、『大阿弥陀経』と同じように、正式な行道ではありませんが、その仏身荘厳をめぐる第十三願文に見光往生の文が、またその第十七願文に聞名往生の文が見られて、その成就文相当の文と思われるものも説かれております。そしてまた、三輩往生の文も明かされるところでありますが、その内容は、およそ上に見たところの『大阿弥陀経』の教説をそのまま継承しており、この三輩往生の文は、本願文に誓われる行道の思想とは、まったく無関係に独立して説かれているようです。これらの点からすると、ここでも経典の未整理が指摘されるところであります。

（4）救済勝益の願

次の救済勝益の願とは、第二十願文から最後の第二十四願文をいいますが、その第二十願文は、浄土に往生したものについて明かすのに、「一生に等しくして是の余の願の功徳を置かざらん」（真聖全一、七九頁）とあって、その文の意味が不明瞭です。これは文章の脱落か、誤写によるものとも思われますが、それに対応すると考えられる〈後期無量寿経〉の『無量寿経』および『如来会』の願文によると、それは一生補処の願を意味するものと考えられ、さらには還相廻向の利益を誓ったものと思われます。とするならば、そのような救済勝益として利他の実践を明かすことは、いまだ『大阿弥陀経』には見られず、この『平等覚経』ではじめて語られるところであって、充分に注目されるべき点でありましょう。なおこの一生補処、還相廻向の利益は、〈後期無量寿経〉においてはそのいずれについても誓われるところです。そのほかの第二十一願文の三十二相の利益、第二十二願文の供養諸仏の利益、第二十三願文の飲食自然の利益、第二十四願文の説経如仏の利益は、いずれも『大阿弥陀経』に同じであります。なお何ゆえか、この『平等覚経』には、女人成仏の願が見えませんが、その成就文だけは存在しております。

4 『無量寿経』『如来会』の本願文

次に〈後期無量寿経〉に属する、『無量寿経』と『如来会』の本願文について見ることといたします。その本願文については、『無量寿経』と『如来会』とはきわめて近似しておりますので、いまは一括して考察いたします。そこでその全体を分類しますと、すでに上に見た『平等覚経』と同じように、（1）人土成就の願（第一願文〜第十一願文）、（2）仏身荘厳の願（第十二願文〜第十七願文）、（3）衆生摂取の願（第十八願文〜第二十願文）、（4）救済勝益の願（第二十一願文〜第四十八願文）の四種に区分できます。

（1）人土成就の願

その人土成就の願とは、第一願文から第十一願文までをいい、それは基本的には、上に見た『平等覚経』の第一願文から第十一願文までに重層するものです。すなわち、そのはじめの第一願文と第二願文は、上の『平等覚経』について述べたように、往生人の主体的、理想的な在り方について誓ったところの、無三悪趣の願と不更悪趣の願で、浄土に往生するものは、三悪道の心、三毒の煩悩がなくなり、それが再び生起することがないようにという、浄土の往生人の個人的な在り方について願ったものと捉えたいと思います。そして次の第三願文と第四願文は、その往生人の社会的、理想的な在り方について誓ったところの、悉皆金色の願と無有好醜の願で、浄土に往生するものは、すべて何らの差別もなくて平等であるようにという、往生人の社会的な在り方について願ったものと領解いたします。そしてそのあとの第五願文から第十願文は六神通力の獲得を願ったものであり、その第十一願文が必至滅度の願であることも、上に見たところの『平等覚経』に共通するものであります。なおこの〈後期無量寿経〉では、この第十一願文の必至滅度の願について、特別にその成就文が説かれておりますが、そのことについては注意すべきでありましょう。それについては、のちに改めて考察いたします。

（2）仏身荘厳の願

そして次の仏身荘厳の願とは、第十二願文から第十七願文までをいいます。ことにその中の第十七願文においては、阿弥陀仏が十方世界の諸仏をして、阿弥陀仏の名号を咨嗟《ししゃ》し、称名せしめようと誓っていることを明かします。その点、それは『大阿弥陀経』の第四願文、および『平等覚経』の第十七願文の意趣を継承し、その延長として説かれたものでありましょうが、その『大阿弥陀経』と『平等覚経』の願文では、あわせてその名号を聞くものは、ひとしく浄土に往生せしめるということが誓われていたものが、ここではその諸仏の咨嗟、称名を誓うのみで、その聞名による往生は説かれておりません。仏身荘厳の願と衆生摂取の願の明確な区分が見られるところです。なおそれにかかわって、〈初期無量寿経〉の『大阿弥陀経』の第二十四願文と『平等覚経』の第十三願文に誓われていたところの、光明無量の願と、その光明を見る見光の者が往生できるという願は、この第十二願文ではたんに光明無量の願となって、見光者の往生の教説が消滅していることは、注意されるべきところでありましょう。

ただし、〈後期無量寿経〉の中でも、もっとも早い成立といわれる『無量寿経』には、「もし三塗勤苦の処にありて、この光明を見れば、みな休息をえてまた苦悩なけん。寿終えての後、みな解脱を蒙る」（真聖全一、一六〜一七頁）と説かれて、なお見光による解脱が語られておりますが、そのことは『如来会』においては消滅して見られません。もともと阿弥陀仏の救済について、その仏名と仏身、聞名と見光の両者が説かれていたものが、次第に仏身、見光の道が消滅して、仏名、聞名の道に帰一されていったということでありましょう。なおまたこの〈後期無量寿経〉では、その第十七願文の諸仏称名の願については、特別にその成就文が説かれておりますが、そのことについては、のちに改めて考察することといたします。

（3）衆生摂取の願

ところで、この『無量寿経』および『如来会』では、その衆生摂取の願が、再び三種の道として誓われています。前の『平等覚経』においては、一般在家者の道が消滅して二種の行道となっていたものが、ここでは再び三種の道に復活しているわけです。すなわち、その第十八願文は聞名にもとづく行道ですが、そこでは「唯五逆と正法を誹謗するは除く」（『無量寿経』真聖全一、九頁）、「唯無間悪業を造り正法および諸の聖人を誹謗せんをば除く」（『如来会』真聖全一、一九〇頁）とあって、謗法と五逆罪を犯すもの以外は、いかなる悪業のものでも往生できるというわけで、この願文が、ことには不善作悪者、悪人を対象としていることが明瞭であります。なおこの『無量寿経』では、その第十八願文に聞名を意味する語がありませんが、その成就文には「その名号を聞きて」（真聖全一、二四頁）とあり、また『如来会』の第十八願文には「我が名を聞き」（真聖全一、一九〇頁）とありますので、その点、この願文は、『大阿弥陀経』の第五願文、『平等覚経』の第十九願文なる不善作悪者のための聞名の道の意趣を継承し、その延長として説かれたものであることがうかがわれます。なおこの第十八願文についても、その成就文が説かれており、この〈後期無量寿経〉においては、上において指摘したように、第十一願文と第十七願文と第十八願文の三願文にかぎって、ことにその成就文が説かれているところで、それについては、充分に注目すべきことであります。それについては改めてのちに考察いたします。

そして次の第十九願文は、『無量寿経』および『如来会』ともに「菩提心を発し」（真聖全一、九頁、一九〇頁）と明かし、またこの行道を歩むものは、臨終において「来迎見仏」をうると明かしますので、それは『大阿弥陀経』の第七願文、および『平等覚経』の第十八願文の出家者の行道として説かれていたものの展開、その延長として、教説されたものとうかがわれます。そして次の第二十願文は、『無量寿経』『如来会』ともに、「我が名号を聞きて」（『無量寿経』真聖全一、一〇頁）、「我が名を説くを聞きて」（『如来会』真聖全一、一九〇頁）と明かされており、聞名の道を語りますが、その行道が誰を対象とするかは不明です。しかしながら、三種の行道の構図からすれば、明らかに一般在家者の道について説いたものでありましょう。とすると、ここでは第十八願文の不善作悪者の道と一般在家者の道のいずれもが、聞名の道として明かされているわけであって、〈後期無量寿経〉においては、この聞名の道がいっそう強調されるようになっていることが知られます。なおこの『無量寿経』における第十八願文、第十九願文、第二十願文には、その行道の成立要件として、次第して「至心・信楽・欲生」「至心・発願・欲生」「至心・廻向・欲生」という、いわゆる三心が語られていますが、『如来会』にはそれは見られません。多分に漢訳者の意趣によって付加されたものと思われます。

なおこの『無量寿経』でも三輩往生の文が説かれておりますが、〈初期無量寿経〉に比べますとかなり整理されております。すなわち、その上輩者は、出家して沙門となり、さまざまな功徳を修すれば臨終に来迎をえて往生し、不退転地に住するといい、中輩者は、在家者にして持戒しつつ、「塔像を起立」（真聖全一、二五頁）、すなわち、仏塔や仏像を作り、布施し散華焼香などの善根を修めるならば、臨終に来迎をえて往生し不退転地に住するといい、下輩者は、もろもろの善根を修めなくても、「無上菩提の心を発して一向に意を専らにして乃至十念念仏する」か、または「深法を聞いて歓喜信楽して、疑惑を生ぜず乃至一念念仏する」（真聖全一、二五頁）ならば、臨終に来迎をえて往生をうると明かしております。

ここで中輩者について、仏塔や仏像の建立、作成の善根を語るのは、それが上に見た第二十願文の一般在家者の仏道に重なるとすれば、ここでは仏塔崇拝の思想がなお残留していることがうかがわれ、また新しく仏像の作成の功徳が明かされていることは注目されるところです。そしてまた下輩者については、専意乃至十念念仏か、歓喜信楽一念念仏による往生を明かしますが、ここでいう念仏の内実とはいかなるものか、改めて検討されるべきところで、充分に注意すべきところでしょう。

そしてまた、『如来会』にも同じ三輩往生の文が説かれていますが、これも上の『無量寿経』のそれに比べると、より簡略化されており、上輩者については、ただ菩提心を発して専念し善根を修めるならば、臨終に来迎をえて往生し不退転地に住するといい、出家して沙門になれとは語られておりません。中輩者についても、菩提心をおこして「衆多の善根をうえる」（真聖全一、二〇三頁）ならば、臨終に来迎をえて往生し不退転地に住するといいます。そして下輩者については、「清浄の心をもって無量寿如来に向いて乃至十念し、無量寿仏を念じてその国に生まれんと願じる」か、「甚深の法を聞きて即ち信解を生じて心に疑惑なく、乃至一念の浄心を獲得し、一念の心を発して無量寿仏を念ずれば」（真聖全一、二〇三～二〇四頁）、臨終に来迎をえて浄土に往生し、同じく不退転地に住すると説いております。ここでいう「一念の浄心」とは、上に見た第十八願成就文の「一念の浄信」に重なるものであって、ここでも『無量寿経』と同じように、聞名にもとづく信心歓喜、一念浄信の道を明かしているところです。なおここでは三輩いずれも臨終来迎を語り、往生すれば、ひとしく不退転地に住すと明かすことは注目されるところです。

なおここで注意されることは、この『無量寿経』と『如来会』の四十八願文を精査しますと、その願文においては、「聞我名号」「聞我名字」「聞説我名」「聞我名」などといって、聞名の功徳、利益を明かす願文が十三願（『無量寿経』の第十八願文を含む）もあるわけで、この〈後期無量寿経〉においては、聞名ということ、阿弥陀仏の名号を聞くということが、いかに重要な意味をもっているかが、改めてうかがい知られるところであります。

（4）救済勝益の願

次にその救済勝益の願については、第二十一願文から最後の第四十八願までをいいます。

〈初期無量寿経〉ことにその『平等覚経』では、その救済勝益の願としては、第二十願文から最後の第二十四願文までの五願文において誓われていたわけですが、〈後期無量寿経〉に至ると、その救済勝益の内容が急増して、二十八願文にわたって誓願されております。そしてその内実は、現生、今世における利益と、後生、来世における利益に分かれます。

そこでその中において、ことに注目されるものについていささか考察しますと、第二十二願文に一生補処の願が説かれています。この願文は、上に見たところの『平等覚経』の第二十願文の展開と考えられますが、この誓願の意趣は、浄土に往生したものは、その一生を終えた次生には、必ず仏の位を補う、仏の「さとり」、仏位に至るということを誓ったものであります。ただし、この願にはことに除外の文があって、一生補処の菩薩であっても、もしも自分の意志によって、人々を救済するために、他の仏国にいって人々を教化して仏道に入らしめるという、利他なる普賢《ふげん》の行を実践しようと願うものは除くといいます。かくしてこの願文には、一生補処の利益を誓うとともに、それとは別に、浄土に往生したものは、自分の意志により、他の仏国の人々を教化して、仏の「さとり」に至らしめるという、利他行、還相摂化の実践もできるという誓願を含んでいるわけです。それについてはその成就文も説かれているところです。親鸞が、この第二十二願文を、「必至補処の願」「一生補処の願」と呼びながら、またそれを「還相廻向の願」（「証文類」真聖全二、一〇六～一〇七頁）と名づけたのは、そのことによるものであります。ともあれ、ここにはこの〈後期無量寿経〉が、普賢菩薩の行願を説くところの、『大方広仏華厳経』の思想的な影響をうけていることがうかがわれるところです。

そして次に第二十六願文の那羅延身《ならえんじん》の願とは、浄土に往生するならば、ナーラーヤナ（Nārāyaṇa）神のような、強力な身体をもつことができるという誓願をいいます。この神はヒンドゥー教のヴィシュヌ神の別名で、のちに仏教に摂取されて仏法の守護神と考えられるようになったものです。日本の仏閣で仁王門に安置されるものは、この那羅延金剛力士と密迹《みっしゃく》金剛力士です。ここでは阿弥陀仏思想が、次第に伝播普及することによって、当時のインドの民間信仰を吸収していったことがうかがわれます。

そしてまた第二十八願文の見道場樹の願とは、〈後期無量寿経〉においてはじめて説かれるようになったものですが、阿弥陀仏の浄土には、『無量寿経』によると、高さ四百万里、『如来会』によると、高さ百千由旬の巨大な道場樹、菩提樹が一本あって、それを見るものは三法忍をえて不退転地に住せしめるという願いです。そしてそれについては成就文が説かれているところです。この一本の道場樹、菩提樹とはいかなる意味をもつものでしょうか。かつて釈迦仏がその樹下において仏の「さとり」を開いたという、その菩提樹と何らかの関係があるのでしょうか。詳細は不明です。

そしてまた、その『無量寿経』および『如来会』の第三十三願文の触光柔軟の願とは、阿弥陀仏の光明を身に浴びるものは、身と心とが人天を超えるほど柔軟になるという利益を誓ったものです。ここでいう身心が柔軟になるとはどういうことか、中国の曇鸞はそれについて、その『讃阿弥陀仏偈』において、「光触をかうむるものは有無をはなれる」（真聖全一、三五一頁）と明かし、親鸞がそれをうけて、『浄土和讃』に、「光触かふるものはみな、有無をはなるとのべたまふ」（真聖全二、四八六頁）と教言しております。この有無をはなれるとは、親鸞がその「正信念仏偈」において、龍樹の教化を讃歎しつつ、「悉くよく有無の見を摧破せむ」（真聖全二、四四頁）と説くように、有の見と無の見、たとえば、死後が有るという見解と死後は無いという見解の、その両者、両極の見解、思想が誤りであって、そういう有無を超えたところの非有非無の思想、空、中道の立場、それは親鸞の領解からいえば、仏の生命に生きるという真実信心の境地を意味します。仏法を学ぶならば、そういう有無をはなれて、身と心とが柔軟になるという生き方が生まれてくるということです。

そしてまた、次の第三十四願文の聞名得忍の願とは、阿弥陀仏の名号、その声を聞くことができたもの、すなわち、真実信心を開発したものは、無《む》生《しょう》法忍《ほうにん》という、仏の「さとり」（菩薩道の第四十一位なる不退転地）をうることができると誓ったものです。この二種の願は、阿弥陀仏の光明に照らされることと、その名号を聞くものが、この現身、今生においてうるところの救済の内実について説いたものですが、親鸞は、その「信文類」の真の仏弟子について明かすところに、この第三十三願文と第三十四願文を引用して、それが真実信心の人が今生においてめぐまれる、阿弥陀仏の救済、利益であることを教示しております。

そしてまた、その第三十五願文の女人成仏の願とは、浄土に往生するならば、女像を転じて男子とならしめんという誓願をいいます。『如来会』の第三十五願文にも同じ意趣が誓われております。この願文はすでに〈初期無量寿経〉の『大阿弥陀経』の第二願文に、「我が国中をして婦女あることなからしめん、女人ありて我が国中に来生せんと欲するものは、すなわち男子とならん」（真聖全一、一三六頁）とあるものを伝統し、継承したものでしょう。ただこのことは次の『平等覚経』の願文には見えませんが、その成就文としては、「女人往生すれば、すなわち化生してみな男子となる」（真聖全一、八三頁）と説かれておりますので、『平等覚経』もまた同じ思想をもっていたことが知られます。このような女人成仏の願、阿弥陀仏の浄土には女性は存在しないという発想は、まさしく女性蔑視、女性差別の思想であって、厳しく批判されるべきところでありますが、当時のインドの社会的な状況は、男尊女卑、女性侮蔑の観念が貫徹し、それに支配されていたわけで、この阿弥陀仏思想もまた、大乗仏教として、一切を無差別、平等に捉える立場に立ちながらも、その男女差別を否定し、それを克服することができなかったということであります。ただそういう現実状況を認めた上で、女性は成仏できないという差別の解消をめざした、女人成仏を教示したものがこの女人成仏の願であったわけです。しかしいずれにしてもなお問題は残るところであります。

ただし、同じく大乗仏教初期の経典で、〈無量寿経〉に先行するか、また同じころに成立したと考えられる『阿《あ》閦《しゅく》仏国経《ぶっこくきょう》』によると、そこでは女性差別の思想がなくて、その阿閦仏の浄土である東方の妙喜国については、そこに住する女性の徳は天女のようで、転輪王の玉女宝に比べると、その億倍、巨億万倍も超えており、その浄土における利益については、

> 阿閦如来の仏刹の女人は、意に珠璣《しゅき》、瓔珞《ようらく》をえんと欲すればすなわち樹上より之を取著し、衣被《えひ》をえんと欲すればまた樹上より之を取衣す。
>
> 阿閦仏刹の女人は、妊身産時には身は疲極《ひごく》せず、意に疲極を念わず、ただ安穏を念じてまた苦しみあることなし、その女人の一切また諸苦あることなし。また臭処は悪露することとなし。（大正一一、七五六頁）

などと説いております。ここでは女性差別の思想は見られないわけです。同じく大乗仏教

初期の経典である両経の、このような格差は何によるものでしょうか。それは多分に両者の成立基盤の相違によると考えられますが、この『阿閦仏国経』のような、当時における女性差別思想を見事に克服したところの、経典が存在していたということは、充分に評価すべきところでありましょう。

そしてまた、その第四十七願文の得不退転の願、および第四十八願文の得三法忍の願とは、阿弥陀仏の名号を聞くもの、それにおいて真実信心を開発するものは、菩薩道の不退転地（菩薩道の第四十一位・初地）に至らしめるという利益について誓ったものでありま す。ただし、この不退転地という利益は、今世、現生における利益か、または来世、浄土往生における利益かということです。上に見たところの『無量寿経』および『如来会』の第十八願成就文では、「彼の国に生まれんと願ずれば、すなわち往生をえて不退転に住せん」（『無量寿経』真聖全一、二四頁）、「願に随ひてみな生まれて不退転乃至無上正等菩提をえん」（『如来会』真聖全一、二〇三頁）とあるように、それは明らかに来世における浄土往生の利益として経説されているところです。しかしながら、この第四十七願文および第四十八願文では、

他方国土のもろもろの菩薩衆、我が名字を聞きて、すなわち不退転に至ることをえずば正覚をとらず。

他方国土のもろもろの菩薩衆、我が名字を聞きて、すなわち第一、第二、第三法忍に至ることをえず、諸仏の法においてすなわち不退転をうるにあたわずば正覚をとらず。

(『無量寿経』真聖全一、一三頁)

余の仏刹の中のあらゆる菩薩、我が名を聞きおわりて、阿耨多羅三藐三菩提において退転するものあらば正覚をとらず。

余の仏国の中のあらゆる菩薩、もし我が名を聞き、時に応じて一、二、三忍を獲ず、諸仏の法において現に不退転を証することあたわずば正覚をとらず。(『如来会』真聖全一、一九三~一九四頁)

と説くところからすると、ここでいう不退転地とは、聞名信心にもとづく現生における利益であるとも理解できるところです。

なお、のちに至ってもふれますが、『サンスクリット本』の第四十六願文および第四十七願文によりますと、

わたくしの名を聞くであろう菩薩たちが、名を聞くと同時に、無上なる正等覚より退転しない者とならないようであるならば、その間は、わたくしは無上なる正等覚をさとりません。

わたくしの名を聞くであろう菩薩たちが、名を聞くと同時に、第一、第二、第三の認

知（忍）を得ず、仏のもろもろの法より退転しない者とならないようであるならば、その間は、わたくしは無上なる正等覚をさとりません。（藤田宏達訳『梵文和訳・無量寿経・阿弥陀経』七二～七三頁）

と説かれていて、そのことは現生、今身における利益について誓ったものであることが明瞭であります。その点、この〈後期無量寿経〉においては、その『無量寿経』『如来会』においては、なお不明瞭、曖昧な点がありましたが、もっとも後期に成立したと考えられる『サンスクリット本』においては、そのことがきわめて明確に、現生、今身の利益として説示されていることが知られます。

なおこの問題をめぐっては、改めてのちに考察いたしますが、〈阿弥陀経〉においても、この不退転地の利益については、来世の利益、現世の利益の両者にわたって説かれていて問題は残りますが、その羅什訳の『阿弥陀経』の経末においては、明らかに、

舎利弗、もし善男子善女人ありて、この諸仏所説の名および経名を聞かんものは、このもろもろの善男子善女人、みな一切の諸仏のためにともに護念せられて、みな阿耨多羅三藐三菩提を退転せざることをえん。（真聖全一、七一頁）

と説いて、阿弥陀仏の名号と阿弥陀仏について説いたところの経名を聞くものは、今生にして不退転地に至ると主張しているところです。ただし、この文章は、玄奘訳および『サ

ンスクリット本』によりますと、かなり曖昧となっており、明確に聞名不退を説いているとはいいえません。

なおまた、浄土教理史上においては、インドの龍樹の『十住毘婆沙論』によると、それは信方便易行なる易行道における、現生の利益として領解されておりますが、中国、日本における浄土教においては、明確に来世の浄土往生の利益として捉えられてきました。ただし、日本の源信、法然においては、時として、それを現生の利益として見ることもうかがわれますが、なお法然においては、基本的には、「まづこの娑婆界をいとひすてて、いそぎてかの極楽浄土にむまれて、かのくににして仏道を行ずる也」（『往生大要鈔』真聖全四、五六七〜五六八頁）ということであり、その浄土こそが「不退の国」（『逆修説法』真聖全四、四七二頁、その他）であって、来世死後に、この不退の浄土に往生して、さらにここにして仏道を修めて成仏をめざすものであったわけです。その点、親鸞が、この正定聚、不退転地を、現生における真実信心の利益として明確に開顕し、主張したことは、上に見たような〈無量寿経〉の帰結、その原意趣を、的確に継承しているわけで、まことに見事というほかはありません。

（5）三願成就の文

ところで、〈後期無量寿経〉の『無量寿経』と『如来会』においては、その衆生往生の因を明かすについて、三輩往生の文の直前に、それに直接して三願の成就文、第十一願文と第十七願文と第十八願文の三願にかぎって、その完成、成就の文を説いていることが注目されます。

すなわち、その第十一願の成就文としては、

それ衆生ありて彼の国に生ずれば、みな悉く正定の聚に住す。ゆえんはいかん。彼の仏国の中には、もろもろの邪聚および不定聚なければなり。（『無量寿経』真聖全一、二四頁）

かの国の衆生、もしまさに生まれんもの、みな悉く無上菩提を究竟し、涅槃処に到らしめん。何をもってのゆえに、もし邪定聚および不定聚は彼の国を建立せることを了知することあたわざるがゆえなり。（『如来会』真聖全一、二〇三頁）

と説き、また次いで第十七願の成就文としては、

十方恒沙の諸仏如来、みなともに無量寿仏の威神功徳、不可思議なるを讃歎したまう。（『無量寿経』真聖全一、二四頁）

東方に恒沙のごとき界あり、一々の界の中に恒沙のごとき仏あり。彼の諸仏ら、各々阿弥陀仏の無量の功徳を称歎したまへり。南西北方、四維上下の諸仏の称讃もまたかくのごとし。（『如来会』真聖全一、二〇三頁）

と説き、またさらに次いで第十八願の成就文としては、

あらゆる衆生、その名号を聞きて信心歓喜せんこと乃至一念せん。至心に廻向したまへり。彼の国に生れんと願ずればすなわち往生をえて不退転に住せん。ただ五逆と誹謗正法とをば除く。（『無量寿経』真聖全一、二四頁）

他方の仏国の所有の衆生、無量寿如来の名号を聞きて、乃至よく一念の浄信を発して歓喜せしめ、所有の善根廻向したまへるを愛楽して、無量寿国に生ぜんと願ぜば、願に随いてみな生まれて不退転ないし無上正等菩提をえん。五無間誹毀正法および謗聖者を除く。（『如来会』真聖全一、二〇三頁）

と説いております。このことは〈初期無量寿経〉には存在しなかったもので、〈後期無量寿経〉になって新しく付加されたものであります。

問題は、どうしてこの三願にかぎって、その成就文が集約されて説かれることになったのかということです。ここでいう成就文とは、釈迦仏が、阿弥陀仏の誓願について、その中の特定の願についてのみ選びだし、その願にかぎって再度その意義について強調し、そ

の願の成就を告知するという形式をもって語られるものをいうわけで、その願文は、その経典においては特に重要な意味をもっていることをあらわします。

第十一願成就文

そこでその第十一願成就文とは、上に記したように、浄土に往生するならば、必ずその菩薩道の第四十一位なる初地、正定聚、不退転地に住せしめるという願の成就を教説するものです。もともとこの浄土における正定聚、不退転地の利益とは、もっとも原形の〈無量寿経〉である『大阿弥陀経』によれば、その第七願文の菩薩道ないし出家者の行道において、六波羅蜜行を修め、持戒するもののみが、浄土に往生してうるところの利益をいうものでありました。しかしながら、『平等覚経』においては、その第十一願文において、浄土に往生するものは、ひとしくその正定聚、不退転地に至ると明かされ、そのことはそのあとの〈後期無量寿経〉においても踏襲されているところです。なおまた〈後期無量寿経〉の第四十七願文および第四十八願文によれば、すでに上においても見たように、聞名するならば、即時に不退転地に住するとも明かしていますが、それが現生の利益か来世の利益かはなお充分に明瞭ではありません。しかしながら、そのことは『サンスクリット本』の第四十六願文、第四十七願文によれば、明確に「名を聞くと同時に」と説いて、それがこの現生、今身における聞名信心の利益として明かされております。したがって、この聞名にもとづく正定聚、不退転地の利益とは、〈後期無量寿経〉においては、なお経説としては来世、浄土の利益として語るところがありますが、その願文においては、ことに『サンスクリット本』によれば、今生、現身における益として領解されていることが明瞭であります。

そのことはまた、龍樹がその『十住毘婆沙論』において、この〈後期無量寿経〉などの教説をうけて、現生における不退転地の益を語っているところにも見られるものです。なおまた、後世において親鸞もまた、この正定聚、不退転地の利益を、真実信心の益として、現生、今身において捉えているところです。ともあれ、ここで第十一願の成就文を明かすことは、この〈無量寿経〉における浄土往生の利益とは、菩薩道の第四十一位なる正定聚、不退転地に住することであることを、明確化しようとしたものと思われます。

第十七願成就文

そして次の第十七願文とは、十方世界の諸仏たちが、阿弥陀仏について讃歎し、その仏名を称揚していることを、再度改めて、その願の成就として告知し、教説するものです。それは『大阿弥陀経』では第四願文において、また『平等覚経』では第十七願文において誓われているところです。ただし、この〈初期無量寿経〉においては、その両経とも、十方世界における仏名の称揚と同時に、その名号を聞いて信心歓喜するものは、すべて浄土に往生せしめんと明かしておりましたが、〈後期無量寿経〉では、その浄土往生にかかわる文は消滅しております。仏身荘厳の願と衆生摂取の願との明確な区分が成立しているわけです。ところで、この第十七願成就文については、親鸞の門弟の浄信房によりますと、親鸞に宛てた手紙に、

また願成就の文に十方恒沙の諸仏とおほせられて候は、信心の人とこころえて候、この人はすなわちこのより如来とひとしとおぼへられ候、このほかは凡夫のはからひおばもちゐず候なり。このやうをこまかにおほせかふり給べく候。（『末灯鈔』真聖全二、六六六頁）

と述べております。その内容は、この第十七願成就文で説かれるところの十方の諸仏とは、いま現に自分の周囲に生きている真実信心の人々のことであろう、この人たちこそが如来と等しき人でありましょう。それについて細かに教示してほしいという手紙であります。それに対する親鸞の返報が、この『末灯鈔』に伝えられていますが、そこでは、真実信心に生きる人とは、まさしく如来と等しい人であるということを縷々と述べて、十方世界の諸仏とは、この現世に生きている真実信心の人のことだとして、この浄信房の領解に賛意

を表されているところです。

そしてまた親鸞は、この第十七願文の十方諸仏を解釈するについて、その「行文類」（真聖全二、六頁）と「真仏土文類」（真聖全二、一二二頁）における『大阿弥陀経』の引文の様式によると、この十方諸仏とは、阿弥陀仏自身のことであると領解されていたことがうかがわれるわけです（『浄土教理史―真宗学シリーズ3』五九頁以下参照）。親鸞によれば、十方の諸仏が阿弥陀仏について讃歎し、その名号を称唱しているということは、そのまま阿弥陀仏自身が、自分自身の名号を称唱し、告名しつつ、それを十方の衆生に聞かしめ、さらにはまたそれに呼応して、あらゆる人々にその仏名を称えさせつつ、その称名とは、ひとえに阿弥陀仏自身の私に対する告名と招喚、すなわち、私に向けられた名のりの声、私に届けられた呼びかけの声としての、「阿弥陀仏の声」（『大阿弥陀経』真聖全一、一四二頁、その他）にほかならないと、心して聞かれるべきものであるということでありました。そのことについては、すでに『真宗学概論―真宗学シリーズ2』（一四六頁以下）においても、いろいろと詳細に説明したところであります。

第十八願成就文

そこで次の第十八願成就文とは、『無量寿経』によれば、「その名号を聞きて信心歓喜せんこと乃至一念せん」（真聖全一、二四頁）と明かし、『如来会』によると、「無量寿如来の名号を聞きて乃至よく一念の浄信を発して歓喜せしめ」（真聖全一、二〇三頁）とあります。ここでいう『無量寿経』の「その名号を聞く」という場合、「その」という指示代名詞は何を指しているかということですが、それはその直前の第十七願成就文における、「十方恒沙の諸仏如来、みなともに無量寿仏の威神功徳、不可思議なるを讃歎したもう」というところの、その諸仏の称名を指示していることが明瞭でありましょう。そのことは『如来会』の文によっても理解されるところです。すなわち、その諸仏の称名、名号を聞いてということです。そしてその称名、名号は、すでに上に見たように、そのまま阿弥陀仏自身の私に対する告名と招喚、名のりの声、呼びかけの声にほかならず、そのことは『大阿弥陀経』によりますと、「善男子善女人阿弥陀仏の声を聞きて」（真聖全一、一四二頁）といい、また『平等覚経』によりますと、「善男子善女人無量清浄仏の声を聞きて」（真聖全一、八二頁）と明かすものに重なるわけです。かくして、諸仏の称名、すなわち、阿弥陀仏の名号を聞くとは、また私に向かって自らを名のり、呼びかけるところの、「阿弥陀仏の声」を聞くことでもあるというわけです。そしてその成就文によれば、「その名号を聞いて信心歓喜す」（『無量寿経』真聖全一、二四頁）と明かすところで、そういう阿弥陀仏の声を聞くという宗教的経験をもつならば、そういう体験を信心が開発するというわけであります。そのことは『如来会』の第十八願成就文が「無量寿如来の名号を聞きて、乃至よく一念の浄信を発して歓喜せしめ」（真聖全一、二〇三頁）と語るところにも重なるものであって、この第十八願文の行道とは、ひとえに「阿弥陀仏の声を聞く」という聞名にもとづくところの、信心開発の道にほかならないわけです。

なおこの第十八願成就文において、「乃至一念せん」（『無量寿経』）といい、また「乃至よく一念の浄信を発して歓喜する」（『如来会』）と明かすところの一念の意味ですが、そのことは『無量寿経』の第十八願文に、「至心に信楽して我が国に生まれんとおもいて乃至十念せん」（真聖全一、九頁）といい、またその『如来会』の第十八願文に、「我が国に生れんと願じて乃至十念せん」（真聖全一、一九〇頁）と明かすものに対応することは明らかでしょう。なおこのことについては、『サンスクリット本』でも、その第十八願成就文相当の文では、

かの世尊アミターバ如来の名を聞き、聞きおわって、たとえ一たび心を起こすだけでも、浄信にともなわれた深い志向をもって心を起こすならば」（藤田宏達訳『梵文和訳・無量寿経・阿弥陀経』一〇八頁）

といい、その第十八願文では、

わたしの名を聞いて、かしこの仏国土に対して心をかけ、（そこに）生まれるために

もろもろの善根をさし向けるとして、（中略）たとえ十たび心を起こす」（藤田宏達訳『梵文和訳・無量寿経・阿弥陀経』六二頁）

と明かすところです。そこでことにその『サンスクリット本』の教説からすると、ここでいうところの一念とは、一たびの心の発起として、明らかに浄信、すなわち、信心体験（citta prasāda）の開発を意味するわけで、その十念とは、そのような浄信、信心体験の相続態について明かしたものと、理解されるべきであろうと思われます。この信心における開発と相続の関係をめぐっては、後世親鸞によって詳細に開顕されているところです。（『真宗学概論―真宗学シリーズ2』二〇一頁以下、『真宗求道学―真宗学シリーズ5』一三一頁以下参照）。

かくして、真実信心とは、諸仏の称名の名号、さらにはまたそれによる「阿弥陀仏の声」、その告名、招喚の呼び声を聞くことによってこそ、よく開発するということですが、上に見たところの親鸞の領解は別として、〈無量寿経〉そのものにおいては、その諸仏の称名の名号、その「阿弥陀仏の声」は、具体的にはいかにして聞きうるのか、その聞名ということ、その「阿弥陀仏の声」を聞くという事態が、私においていかにしたら成立するものか、それについては、この〈無量寿経〉では何ら明確に教示するところはありません。その点、この〈無量寿経〉における第十八願文とその成就文の教説には、なお未徹底性が指摘されるところです。なおこの問題をめぐっては、すでに別に考察したところです。（『真宗学概論―真宗学シリーズ2』一二二頁以下、『浄土教理史―真宗学シリーズ3』一〇一頁以下参照）。

5 『サンスクリット本』の本願文

（1） 衆生摂取の願

次に『サンスクリット本』（藤田本）の本願文について見ます。この『サンスクリット本』の本願文は、すべてで四十七願文が説かれております。そのことは『無量寿経』と『如来会』と比べると一願減少しているわけですが、それは『無量寿経』『如来会』では、衆生摂取の願文が第十八願文、第十九願文、第二十願文の三種の行道として説かれていたものが、この『サンスクリット本』では、第十八願文と第十九願文の二種の行道になっているからです。その二種の行道をめぐる願文については改めてのちに述べます。なおそのほかに、この『サンスクリット本』と『無量寿経』、『如来会』とを比較しますと、『無量寿経』、『如来会』の第三十願の智弁無窮の願文と第三十六願の常修梵行の願文が『サンスクリット本』では欠落し、そのかわりに、『無量寿経』『如来会』にはない願文が、『サンスクリット本』には、第二十五願の諸仏受供の願文と、第三十二願の華雨楽雲の願文が増加しております。

なおまた、この〈無量寿経〉は紀元八、九世紀のころにチベット語に訳されておりますが、河口慧海訳『蔵和対訳・無量寿経』（梵蔵和英合壁浄土三部経）によりますと、その本願文は四十九願文になっております。それは『サンスクリット本』に比較すると、その第三十願の智弁無窮の願文と第三十七願の常修梵行の願文、これはともに『無量寿経』と『如来会』には存在して、『サンスクリット本』には欠落している願文ですが、これがここでは加増されております。かくして『チベット訳本』は『サンスクリット本』よりも二願多いわけです。

そこでその『サンスクリット本』の四十七願の内容ですが、すでに上に掲げた比較対照表で明瞭なように、それは〈後期無量寿経〉の中では、もっともあとに成立したものと考えられているところで、その第一願文より第十一願文の人土成就の願、第十二願文より第十七願文の仏身荘厳の願、第二十願文より第四十七願文までの救済勝益の願は、基本的には、上に見たところの『無量寿経』と『如来会』に重層するところで、それについての説明は省略いたします。問題はその衆生摂取の願文が二願文になっていることです。すなわち、第十八願文と第十九願文の二種の願文は次のとおりです。その第十八願文では、もしも、世尊よ、わたくしが覚りを得たときに、他のもろもろの世界における生ける者たちが、無上なる正等覚に対して心を起こし、わたくしの名を聞いて、澄浄な心をもってわたくしを随念するとして、もしかれらの臨終の時が到来したときに、(かれらの)心が散乱しないために、わたくしが比丘僧団によってとりまかれ恭敬されて、(かれらの)前に立たないようであるならば、その間、わたくしは無上なる正等覚をさとりません。(藤田宏達訳『梵文和訳・無量寿経・阿弥陀経』六一〜六二頁)

と誓い、またその第十九願文では、

もしも、世尊よ、わたくしが覚りを得たときに、無量、無数の仏国土における生ける者たちが、わたくしの名を聞いて、かしこの仏国土に対して心をかけ、(そこに)生まれるためにもろもろの善根をさし向けるとして、かれらが、—無間(罪)を犯した者たちと正法を誹謗するという障碍に覆われた生ける者たちとを除いて—たとえ十たび心を起こすことによってでも、かしこの仏国土に生まれないようであるならば、その間は、わたくしは無上なる正等覚をさとりません。(藤田宏達訳『梵文和訳・無量寿経・阿弥陀経』六二頁)

と誓っております。『チベット訳本』もおよそ共通します。かくして第十八願文の行道とは、菩提心をおこし、聞名によって澄浄なる心、信心をもって憶念するならば、臨終に来迎をえて、浄土に往生をうるという道であり、また第十九願文の行道とは、五逆と正法を誹謗するものを除く道であって、そのほかのいかなる悪を犯すものであっても、聞名によって浄土を願生し、善根を廻向して十念を相続するならば、浄土に往生をうるという道です。

はじめの第十八願文の道は、菩提心をおこすといい、臨終の来迎を語るところからしますと、『無量寿経』と『如来会』の第十九願文の道に重なり、それはまた、すでに見たように、〈初期無量寿経〉の『大阿弥陀経』の第七願文、『平等覚経』の第十八願文の出家者の道の延長、その展開において明かされたものと考えられます。またのちの第十九願文の道は、五逆と謗法の者を除くというところからしますと、『無量寿経』と『如来会』の第十八願文に重なり、それはまた〈初期無量寿経〉の『大阿弥陀経』の第五願文、『平等覚経』の第十九願文の不善作悪者の道の延長、その展開において説かれたものであろうと思われます。

なおここでは、行道を誓った願が二願文となっているわけですが、上に見た『無量寿経』と『如来会』の第二十願文は、もともとの『大阿弥陀経』の第六願文においては、一般在家者の行道として、釈迦仏の仏塔供養の善根を中心とする道であったものが、次の『平等覚経』においては、それが仏塔崇拝の思想から独立する方向の中で消滅していったところ、〈後期無量寿経〉の『無量寿経』と『如来会』では、一般在家者の行道として、聞名を中核とする道を語って再び復活していたものですが、その行道の内実は、第十九願文の聞名にもとづく不善作悪者の道とはさしたる相違がないところ、ここでは再びそれに統摂されたということでありましょう。

そこでいまひとつ注意されることは、この『サンスクリット本』では、その二種のいずれの行道においても、明確に聞名が語られているということです。〈初期無量寿経〉では、不善作悪者の行道のみにおいて説かれていた聞名が、〈後期無量寿経〉、ことに『如来会』では、行道を誓った三種の願文の中の二願文において聞名が語られ、さらにこの『サンスクリット本』では、二種の行道のすべてに聞名が説かれているわけです。このことは〈無量寿経〉の教理の発展、深化という視点からすれば、もともと〈初期無量寿経〉においては不善作悪者の行道のみに説かれていた聞名が、〈後期無量寿経〉に至るとより重視され、ここではその行道のすべてが聞名にもとづく道として説かれているわけです。このことはそれがもともと不善作悪者の道、悪人成仏の道として語られていたこととかかわって、この〈無量寿経〉の行道が、その展開、深化の中で、悪人の救済、悪人の成仏ということを、もっとも中心の主題として開顕されてきた、ということを意味するものでしょう。〈無量寿経〉を学ぶについては充分に注目されるべきところです。

（2）三願成就の文

そしてまた、この『サンスクリット本』においても、とくに第十一願文の必至滅度の願、第十七願文の諸仏称名の願、第十八願文の往相信心の願の、三願の成就文が説かれております。その第十一願成就文では、

実に、アーナンダよ、かの仏国土に、すでに生まれ、現に生まれ、（未来に）生まれるであろう生ける者たちは、すべて、涅槃にいたるまで、正しい位（正性）において決定した者である。それはなぜであるか。かしこには、まだ決定していない者、または、よこしまな位（邪性）に決定した者、という二つの群（聚）を定めることや、設けることがないからである。（藤田宏達訳『梵文和訳・無量寿経・阿弥陀経』一〇六頁）

と説き、第十七願成就文では、

実に、アーナンダよ、十方の各々の方角にあるガンジス河の砂に等しい諸仏国土において、ガンジス河の砂に等しい仏・世尊たちは、かの世尊アミターバ如来の名を称讃し、讃歎を説き、名声を説き明かし、功徳を称揚する。（藤田宏達訳『梵文和訳・無量寿経・阿弥陀経』一〇八頁）

と説き、また第十八願成就文相当の文では、

およそいかなる生ける者たちであっても、かの世尊アミターバ如来の名を聞き、聞きおわって、たとえ一たび心を起こすだけでも、浄信にともなわれた深い志向をもって心を起こすならば、かれらはすべて、無上なる正等覚より退転しない状態に安住するからである。（藤田宏達訳『梵文和訳・無量寿経・阿弥陀経』一〇八頁）

と語っております。その経説の意趣については、上に見たところの『無量寿経』と『如来会』のそれに、およそ重なるところであります。ただし、この第十八願成就文相当の文では、唯除逆謗の文が見えません。

そしてこの『サンスクリット本』においても、四十七願文の中で、聞名による利益、功徳を誓うものが十二願文もあり、『チベット訳本』についても四十九願文の中で十三願文あります。その内容は、上に見た『無量寿経』と『如来会』にほとんど共通するところです。なおこの第十八願成就文相当の文では、上に見たように、不退転地の益を現生の益として捉えております。そしてまた、その第四十六願文と第四十七願文においても、「わたくしの名を聞くであろう菩薩たちが、名を聞くと同時に」（藤田宏達訳『梵文和訳・無量寿経・阿弥陀経』七二頁）不退転地に至ると誓っており、ここでも、その不退転地の益が現生における利益として語られていることは注意されるところです。ただし、『無量寿経』と『如来会』の第十八願成就文においては、そのいずれにおいても来世、浄土往生の利益として説かれ、また『サンスクリット本』でも、その第十一願成就文では、上に見たように浄土の利益として語られ、また「往覲偈」の文では、「わたくしの名を聞いて」、「かれらは、すみやかに、わたくしのもとに来て、ここで、一生の間、退転しない者となる」（藤田宏達訳『梵文和訳・無量寿経・阿弥陀経』一一五頁）と明かして、不退転地の益を、来世における浄土往生の利益として明かしており、経説の混乱が見られるところです。

しかしながら、基本的には、『サンスクリット本』においては、この正定聚、不退転地の益は、現生の利益として領解されているところです。そのことは、〈後期無量寿経〉に依拠して菩薩道を開顕したところの、龍樹の『十住毘婆沙論』の易行道の思想において、明白にうかがわれるところであります。

6 『荘厳経』の本願文

次に『荘厳経』の本願文について見ます。この『荘厳経』の本願文は、すでに上の対照表において見たように三十六願文を説くもので、二十四願の本願文を説く〈初期無量寿経〉、四十八願の本願文を説く〈後期無量寿経〉のいずれにも属さない〈無量寿経〉ですが、その本願文については、一見してまことに雑然として、何ら整理されておりません。

この『荘厳経』は、中国の宋の法賢が、太宋の淳化二（九九一）年に、インドより将来した梵本を漢訳したものであると伝えますが、その全体の内容については、一貫したところの思想、論理にもとづいて経説されたものとはとうていいいがたいものです。その三十六願にわたる本願文についても、いちおうは、上の〈無量寿経〉と同じように、人土成就の願、仏身荘厳の願、衆生摂取の願、救済勝益の願と分類できるとしても、種々の問題が残るところで、この『荘厳経』は、すでに多くの研究者によっていわれるように、もっとも後期に属するものとして、上に見たところの〈初期無量寿経〉と〈後期無量寿経〉とは、まったく別の系統の流れの中で、生まれてきたものと考えられるべきでありましょう。

その本願文において誓われる行道の願は、第十三願文と第十四願文の二願文であります。そしてその第十三願文によると、「我が名号を念じて志を発し心を誠にする」（真聖全一、二二〇頁）ならば、臨終に来迎をえて浄土に往生し、ただちに仏の「さとり」をうるという道であり、第十四願文によると、「我が名号を聞きて菩提心を発し、もろもろの善根をうえ」（真聖全一、二二〇頁）るならば、願生するところの諸仏の浄土に往生し、ただちに仏の「さとり」をうることができるという道を明かしております。

ここで第十三願文では「念名」（我が名号を念ずる）といい、第十四願文では「聞名」（我が名号を聞く）といいますが、この念名と聞名とはどう違うのか、または同じなのか。また第十三願文では阿弥陀仏の浄土に往生するといい、第十四願文では諸仏の浄土に往生するといいますが、この相違は何を意味するものか、まったく不明です。ただ二種の行道が、念名といい聞名という違いはあるとしても、ともに阿弥陀仏の名号にもとづく行道を説いていることは、充分に注意されるところであります。なおここでは、三十六願文のすべてにおいて、浄土に往生するならば、「久しからずして」「速やかに」「阿耨多羅三藐三菩提をうる」といって、ただちに仏の「さとり」をひらくと誓っていることは、そのほかのいずれの〈無量寿経〉とも相違しているところです。

また、ここでも『無量寿経』『如来会』『サンスクリット本』における、第十一願文、第十七願文、第十八願文の成就文に相当する文が見られます。しかしながら、この『荘厳経』では、直接に説かれていないこれら三願文をめぐる成就文が、なぜ前後の脈絡もなくここで説かれているのか、まったく理解できかねます。しかしながら、ここでも聞名によって浄土に往生できると語っているところで、この三願の成就文は、聞名往生の行道を主張する経説としては、きわめて重要な意義をもっていたことがうかがわれるところです。そしてそののちに、三輩往生の道を説きますが、これも願文に対応するものでもなく、またそれ以前の〈無量寿経〉のそれと比較しますと、かなりの変質が見られます。そして「往観偈」のあとに説かれる往生の因果については、聞名して阿弥陀仏を礼拝、憶念、称讃、供養すれば、浄土に往生することができると明かしますが、この主張はこの経典独自の教説でしょう。

いずれにしても、この『荘厳経』における行道思想は、全体的なまとまりをもたないままに、個々各別に説かれているようで、その真意が充分に理解できかねますが、ともあれその行道においても、聞名の意義を、きわめて高く評価し、それを強調していることはよくうかがわれるところであります。

なお親鸞は、この『荘厳経』についてはまったくふれておりません。親鸞は、この『荘厳経』が翻訳されてより二百年もあとの、南宋の慶元六（一二〇〇）年ごろに成立した、宗暁の著作である『楽邦文類』を披見し、それを自著に引用しているところ、この『荘厳経』も、当然にすでに日本に将来されていたとも思われますが、親鸞にとっては未見であったのでしょうか。それともあえてこれを無視したものでしょうか。この経典については親鸞は何ら語るところはありません。

以上、〈無量寿経〉における本願文をめぐる考察を終りますが、帰結していいうることは、その本願文における浄土の行道思想は、ひとえに不善作悪者なる悪人成仏の道として明かされていた聞名の道が、その思想の展開、深化において、ついにはその浄土への行道とは、ひとえに聞名の道に集約されることとなったわけで、その点、この〈無量寿経〉とは、悪人成道の道として、しかもまた、その行業としては、易行道としての聞名にもとづく道として、ついには統合されていった、ということができるでありましょう。

四 〈無量寿経〉における人間理解

1 悪人成仏の道

そこで次に、この〈無量寿経〉における人間理解についていささか考察してみます。そのもっとも原形の〈無量寿経〉である『大阿弥陀経』によりますと、すでに上において見たように、その行道について誓った願文によると、第五願文は不善作悪者の道、第六願文は一般在家者の道、第七願文は菩薩道、出家者の道について説いており、その人間理解においては、基本的には、作悪者と一般在家者と出家者の、三種の人間に区分して捉えていることが知られます。この不善作悪者については、その願文によると「前世に悪を作すに」（真聖全一、一三七頁）と明かすわけですが、そのことは〈初期無量寿経〉の『平等覚経』の第十九願文の行道においても、同じように誓っておりますので、この〈無量寿経〉においては、その当初から、この不善作悪者の往生、成仏が、重要な課題であったことがうかがわれます。

そこでこの〈無量寿経〉では、そのような不善作悪者とは、より具体的には、いかなる人間を想定しているかということですが、その同じ『大阿弥陀経』の眷属荘厳の文によりますと、その前世作悪の内容については、

ただ前世に人とありしとき愚痴、無智なるにより、慳貪《けんどん》にしてあえて慈哀して善をなし、博く愛し施与せず。ただいたずらに得んことを欲して飲食を貪惜《とんじゃく》し、ひとり嗜美《しび》を食し施貸《せたい》して後に報償《ほうしょう》をうることを信ぜず。また善を作して後世にまさにその福をうべきを信ぜず。おろかにも悾抵《こうてい》なること佷《こん》にして、ますます衆悪を作す。かくのごとくして寿おわり財物はことごとく索《つ》く。もとより恩徳なく恃怙《じこ》するところなし。悪道に入りてこれにとどまりて苦にあう。しかるのち出でて解脱することをうる。（真聖全一、一四六頁）

などと明かしております。その文によれば、作悪者とは、現実の人生生活において、愚痴、無智の生命を生き、我執、我欲にとらわれて、他者に対する憐愍、施与の心のないものをいうわけです。まさしく私たち凡夫の現実相について指摘したものでしょう。しかしながら、そういう悪人でも、仏法を学んでその行道を修めるならば、ついには解脱して成仏することができるというのです。この〈無量寿経〉で説くところの聞名の道とは、まさしくそういう不善作悪者のための仏道であったわけです。

2　阿闍世太子の帰仏

次に注目すべきことは、この〈初期無量寿経〉では、『大阿弥陀経』と『平等覚経』ともに、阿闍世王太子が、この釈迦仏の経説である阿弥陀仏の二十四願の教法を聴聞して、私もまた発願、修行して、阿弥陀仏のように、十方世界の衆生を救済する仏の「さとり」をひらきたいと言上したら、釈迦仏は、このあとの無数劫において、阿弥陀仏と同じような仏に成ることができるであろうと、語られたと明かしております。この阿闍世王太子とは誰か、阿闍世自身のことか、または王太子というところからすれば、阿闍世太子の息子の和久《わく》太子のこととも考えられます。しかし親鸞は、この文をその「行文類」（真聖全二、七頁）に引用しておりますが、そのことからしますと、親鸞は、この阿闍世王太子とは、阿闍世王自身を指すと理解して、この阿闍世王もまた、この「行文類」において明かすところの、本願念仏、聞名信心の道に帰入することにより、よく解脱をえたと領解したわけでありましょう。この阿闍世王の帰仏とその廻心をめぐっては、すでに『真宗求道学―真宗学シリーズ5』（八五頁以下参照）において、その詳細を論考したところです。

なお〈初期無量寿経〉に、何ゆえに、このような阿闍世王の帰仏の文が説かれているのか、経典の構想からすると、阿弥陀仏の果徳の文、その光明と名号を十方世界に流布するという経説に次いで、突如としてこの阿闍世王太子の文がおかれているわけで、いささか前後の脈絡が分かりかねます。しかしながら、このことは、この〈初期無量寿経〉においては、きわめて重要な意義をもっているものであろうと思われます。すなわち、上に見たところの不善作悪者のための仏道を明かすについての、そのもっとも明確な証拠として、ここに経説されたものでありましょう。父を殺害するほどの逆罪を犯したものでも、この阿弥陀仏の本願によって救済されるということです。このことは明らかに〈無量寿経〉が、悪人成仏をめざすところの教法、経典であることを証明するものでありましょう。ただし、この阿闍世王帰仏の文は、〈後期無量寿経〉では消滅して説かれてはおりません。

3　唯除五逆誹謗正法の問題

そこで〈後期無量寿経〉においては、阿闍世王帰仏のことは消滅しておりますが、そのかわりに、その『無量寿経』『如来会』の第十八願文とその成就文、そしてまた『サンスクリット本』の第十九願文には、五逆罪と正法を誹謗するものは救済しないと説いております。この五逆罪とは、殺父、殺母、殺阿羅漢（仏弟子を殺す）、出仏身血（仏身を傷つける）、破和合僧（教団を破壊する）の五罪のことで、それは原始仏教から部派仏教を通じて、出家者、在家信者に共通するところの重罪として説かれてきたもので、いまここでは、そういう逆罪を犯すものは、阿弥陀仏の救済より除外するというわけです。そしてまた誹謗正法とは、新しく興起したところの大乗仏教としてのこの浄土教などが、非仏説であるという見解、主張をいい、そういう立場に立つものを除外するということは、もとより当然でありましょう。問題は、〈初期無量寿経〉では、殺父という重罪を犯した阿闍世王が帰仏して成仏すると明かし、〈後期無量寿経〉では、そういう五逆罪を犯すものは除くと教説されているということです。〈無量寿経〉における論旨、思想の齟齬といわざるをえません。そこでこの問題は、のちに考察いたします『観無量寿経』の教説とも関連して、中国浄土教では種々と問題になり、また日本の浄土教においても、ことに親鸞における独自な領解が展開されているところです。

すなわち、親鸞によれば、その『尊号真像銘文』に、

唯除五逆誹謗正法といふは、唯除といふはただのぞくといふことば也。五逆のつみびとをきらい、誹謗のおもきとがをしらせむと也。このふたつのつみのおもきことをしめして、十方一切の衆生みなもれず往生すべしとしらせむとなり。（真聖全二、五七八頁）

と明かして、この本願文は、五逆の罪も仏法誹謗の罪も、ともにそれが極重の悪業であることを知らせながら、そのいずれの罪を犯すものも、すべてもらさず往生せしめる、とい

うことを示した教言であるというのです。そしてまたその『唯信鈔文意』にも、
罪根深といふは、十悪・五逆の悪人、謗法闡提《せんだい》の罪人、おほよそ善根すくなきもの、悪業おほきもの、善心あさきもの、悪心ふかきもの、かやうのあさましきさまざまのつみふかき人を深といふ、ふかしといふことばなり。すべて、よきひと、あしきひと、たふときひと、いやしき人を無礙光仏の御ちかひにはえらばず、これをみちびきたまふをさきとしむねとするなり。真実信心をうれば実報土にむまるるとをしへたまへるを浄土真宗とすとしるべし。（真聖全二、六二七〜六二八頁）
と示しています。同じような意趣をもった教言です。また親鸞は、「正信念仏偈」の「凡聖逆謗斉廻入、如衆水入海一味」という文章を、自ら註釈して、
凡聖逆謗斉廻入といふは、小聖・凡夫・五逆・謗法・無戒・闡提みな廻心して真実信心海に帰入しぬれば、衆水の海にいりてひとつあぢわいとなるがごとしとたとえたるなり。これを如衆水入海一味といふなり。（『尊号真像銘文』真聖全二、六〇一頁）
と語っております。五逆、謗法、無戒、一闡提《いちせんだい》、いかなる罪業深いものでも、また仏性のないものでも、自分の悪心をひるがえして仏法に帰依し、仏道を修めるならば、すべて如来の済度にあずかって、一味の喜びを身にうることができるというのです。
かくして親鸞においては、その「唯除」という言葉は、たんなる排除の意味ではなくて、

その五逆罪と仏法誹謗の罪業の深重さを知らせつつ、阿弥陀仏の大悲は、そのような罪人をこそ、よく救済したもうことを告げるための教言であると領解しているのです。ここには親鸞が、自分の身をかけて体解したところの阿弥陀仏の大慈大悲をめぐる深い実感がうかがわれるところであります。

五　〈無量寿経〉における行道思想

1　〈初期無量寿経〉の行道

次に、この〈無量寿経〉において教説されているところの浄土の行道思想については、すでに上の本願文の考察のところで、種々に解説いたしましたので、いまここではそれについて要約して明かします。

すなわち、〈初期無量寿経〉においては、その『大阿弥陀経』によりますと、衆生摂取の願においては、第五願文の不善作悪者のための聞名にもとづく行道と、第六願文の一般在家者のための仏塔供養などの善根修習の道と、第七願文の菩薩道、出家者のための六波羅蜜などの行業実践の行道の、三種の道が教示されております。そしてそこでは、その三願の行道にかかわる成就文として、三輩往生の文が明かされており、その第一の上輩者の道とは、上の第七願文に相応するもので、出家して菩薩道を行じ、六波羅蜜なる自利利他の行を修め、持戒精進にして至誠に不断に願生すれば、現世において夢中に見仏し、臨終に来迎をえて、浄土に往生して不退転地に住するといいます。そしてその第二の中輩者の道とは、上の第六願文に相応するもので、一般在家者にして、出家者に布施し、仏寺仏塔を建てて供養崇拝し、持戒精進して願生すること一日一夜するならば、現世において夢中に見仏し、臨終に来迎をえて浄土に往生するといいます。そして第三の下輩者の道とは、上の第五願文に相応すべきでありますが、ここでは聞名の道は説かれることなく、慈心に精進して持戒清浄となり、十日十夜不断に願生すれば、命終ののちに浄土に往生をうるという道であります。このように三願に誓った行道と、その成就文としての三輩往生の道に、いささかの齟齬が見られるところ、そこにはこの経典の未整理性が指摘されるところです。

そしてこの『大阿弥陀経』には、さらにそのほかに、第四願文において聞名往生の道を、第二十四願文には見光往生の道を語り、その成就文も見られるところです。そしてそののちに成立したと考えられる『平等覚経』においては、その第十八願文では、上の『大阿弥陀経』の第七願の出家者の道の展開として菩薩の行道を、またその第十九願文では、上の『大阿弥陀経』の第五願の不善作悪者の展開として、聞名にもとづく行道を明かします。

そこでは一般在家者の道が消滅していることは、すでに上において指摘したところです。なおこの『平等覚経』でも三輩往生の文が説かれており、その内容は『大阿弥陀経』と同様であります。その点、ここでは願文の教説とまったく矛盾しているわけですが、この三輩往生の文は、〈後期無量寿経〉にもそのまま教説されているところで、本願文の思想と三輩往生の文の思想は、まったく別個に理解され継承されていったようであります。なおここでも、上の二願文のほかに、第十三願文に見光往生、第十七願文に聞名往生の文が見られるところです。

2 〈後期無量寿経〉の行道

そして〈後期無量寿経〉になりますと、その『無量寿経』と『如来会』では、いずれもその第十八願文では、上の不善作悪者の道の延長として、五逆と謗法の重罪を犯したものを除いて、いかなる悪人でも聞名にもとづく行道を、そしてその第十九願文では、上の出家者、菩薩の道の延長として、出家は語らないとしても菩提心にもとづく善根修習の行道を、その第二十願文では、上の一般在家者の道の延長として、ここでは上の第十八願文と同じ聞名にもとづく道を明かします。そしてこの〈後期無量寿経〉においては、ことに第十一願文、第十七願文、第十八願文の三願の成就文が教説されて、その第十一願成就文によると、浄土に往生するものは正定聚、不退転地（菩薩道における第四十一位の「さとり」）をうるといい、その第十七願成就文では、十方世界の諸仏たちが、阿弥陀仏の教法とその名号を流布するために讃歎、称揚しているといい、その第十八願成就文では、あらゆる人々は、その阿弥陀仏の名号を聞いて信心清浄となるならば、ひとしく浄土に往生をうると明かしております。

そしてことに、その〈後期無量寿経〉の中では、もっともあとに成立したと考えられる『サンスクリット本』によりますと、その第十八願文では、菩提心を発して阿弥陀仏の名号を聞き、澄浄なる心、真実信心をおこすならば、臨終に来迎をえて浄土に往生するといいますが、これは基本的には発菩提心の道として、『無量寿経』『如来会』の第十九願文の道の延長として説かれたものでしょう。そしてまた、その第十九願文によると、五逆と謗法の重罪を除いたいかなる悪人でも、阿弥陀仏の名号を聞いて善根を廻向するならば、必ず浄土に往生することができると明かします。この『サンスクリット本』では、その行道はこの二種しか説かれておりませんが、その第十九願文とは、上に見たところの『無量寿経』、『如来会』の、五逆と謗法を除くいかなる悪人も往生できるという第十八願文と、一般在家者の道を誓った第二十願文が、ともに聞名の行道を明かすところ、それがここでは統合されているとも推察されるところです。ともあれ、〈無量寿経〉における行道とは、そのもっとも発展、深化したところでは、この『サンスクリット本』の第十八願文と第十九願文がそうであるように、ひとえに聞名の道に帰結しているわけであります。そしてまた〈後期無量寿経〉の『無量寿経』と『如来会』に明かされる四十八願文の中で、十三の願文が聞名の功徳を語り（『無量寿経』の第十八願文を含む）、また『サンスクリット本』においても、その四十七願文の中で、十二の願文が聞名の功徳、利益を説くところで、〈後期無量寿経〉においては、聞名の思想がいっそう強調されているところであります。

しかもまた、その行道においては、『サンスクリット本』の第十八願文では、聞名によって「澄浄の心（prasannacitta）」（藤田宏達校訂『梵文無量寿経・梵文阿弥陀経』一七頁）が成立するといい、またその第十九願文では、聞名によって「十たびの心」をおこすといいますが、その第十八願成就文相当の文によりますと、そこでは「一たび心をおこすだけでも、浄信にともなわれた深い志向をもって心を起こす」と明かして、その「浄信」の原語もprasāda（藤田宏達校訂『梵文無量寿経・梵文阿弥陀経』四八頁）であるところからすれば、ここでは第十八願文と第十九願文のいずれにおいても、阿弥陀仏の声、その名号を聞くという、聞名によって新しく澄浄なる心としての、浄信（citta prasāda）、真実信心が成立してくることを教説していることが知られます。

なおそのことについては、〈無量寿経〉の流通分において、その『サンスクリット本』

では、

アジタよ、見よ、アミターバ如来・応供・正等覚者の名を聞くであろう生ける者たちが、いかほどよい利益を得た者であるかを。また、かの如来に対して、そしてこの法門に対して、たとえ一たびでも心の澄浄（citta prasāda）を得るであろう生ける者たちは、下劣な信解をもつ者とはならないであろう。（藤田宏達訳『梵文和訳・無量寿経・阿弥陀経』一四七頁）

と説かれておりますが、それに相当する漢訳の〈無量寿経〉を検しますと、『大阿弥陀経』では、

阿弥陀仏の声を聞きて、慈心歓喜し、一時に踊躍し、心意浄潔にして、（真聖全一、一八二頁）

といい、また『平等覚経』では、

無量清浄仏の声を聞き、慈心歓喜して、一時に踊躍し、心意清浄にして、（真聖全一、一三一頁）

といい、また『無量寿経』では、

彼の仏の名号を聞くことをえて、歓喜踊躍して乃至一念せんことあらん。（真聖全一、四六頁）

といい、また『如来会』では、

もし彼の仏の名を聞くことありて、能く一念喜愛の心を生ぜば、（真聖全一、二一一頁）

といい、また『荘厳経』では、

無量寿仏の名号を聞くことをえて、一念の信心を発して、（真聖全一、二〇四頁）

と明かしております。ここでいう「慈心歓喜し、一時に踊躍し、心意浄潔」（『大阿弥陀経』）、「慈心歓喜して、一時に踊躍し、心意清浄」（『平等覚経』）、「歓喜踊躍して乃至一念」（『無量寿経』）、「一念喜愛の心」（『如来会』）、「一念の信心」（『荘厳経』）とは、直前に見た『サンスクリット本』の文で明らかなように、いずれも心の澄浄（citta prasāda）としての真実信心を意味していることが明瞭なわけです。

そしてまた、ここで注意されることは、それらのいずれにおいても、そのような澄浄なる心の状態、真実信心とは、「阿弥陀仏の声」、ないしはその「名号」を聞くことによって成立すると説かれていることです。すなわち、真宗における真実信心とは、まったく一元的主体的な澄浄なる心の状態を意味し、そのことは、ひとえに「阿弥陀仏の声」、その「名号」、阿弥陀仏の私に対する名のり（告名）、呼びかけ（招喚）の声を聞くことによってこそ、よく成立するものであるということです。このことは真宗信心について学ぶ場合、充分に注目すべきところでありましょう。

3 〈無量寿経〉における行道の課題

以上概観したように、〈無量寿経〉における浄土往生の行道とは、具体的には、「阿弥陀仏の声」を聞く、またはその「名号」を聞くことによって、澄浄なる心としての真実信心を開発し、それにおいて浄土に往生するということに帰結するというわけであります。

しかしながら、ここで経説されるところの、「阿弥陀仏の声」を聞くという宗教的経験とは、いったいいかにして成立するものかということですが、それについては、この〈無量寿経〉では、何ら具体的に教示するところはありません。それは後世における浄土教の最大の課題となったわけです。なおそのことをめぐっては、龍樹浄土教において見事に領解され、開顕されたところであります。そのことについては、すでに『真宗学概論—真宗学シリーズ2』（一二二頁以下）、および『浄土教理史—真宗学シリーズ3』（一〇一頁以下）において、その詳細について解説したところであります。

六　〈無量寿経〉における阿弥陀仏の救済

1　弥陀の成仏と衆生の往生

もともと阿弥陀仏とは、その『無量寿経』の第十八願文においては、

もし生まれずば正覚を取らず。（真聖全一、九頁）

と説き、『如来会』の第十八願文では、

もし生まれずば菩提を取らず。（真聖全一、一九〇頁）

と明かして、阿弥陀仏は衆生が往生しないかぎり仏には成らないと、誓願しているところです。すなわち、その願文によるかぎり、私が往生することと阿弥陀仏が成仏することは、まったく同時にして相即するというわけで、阿弥陀仏の成仏と私の往生が、それぞれ別個に成立するはずはありません。すなわち、その大悲の論理、本願の論理からすれば、阿弥陀仏の成仏の因果、その因としての発願と修行、その果としての仏身と浄土の荘厳成就、それがそのまま、まさしく衆生往生の因果、その因としての往生の行道としての聞名と、それにもとづく信心の開発、そしてその果としての住不退転地、さらには浄土往生と成仏

という利益となるものです。すなわち、阿弥陀仏の成仏のほかに私の信心成就、浄土往生はありえず、また私の信心開発、往生成仏のほかに阿弥陀仏の成仏もありえないわけで、この両者は即一するものにほかなりません。かくして、この〈無量寿経〉に教説されるところの弥陀成仏の因果と、衆生往生の因果。阿弥陀仏の正覚、成仏と、この私の信心開発、往生成仏とは、その本来においては、両者は即一して一体であると領解すべきでありましょう。

しかしながら、伝統の教団教学では、そのことをまったく二元論的、前後的に捉えて、阿弥陀仏は十劫の昔にすでに成仏していて、その阿弥陀仏の働き、その名号の功徳によってこそ、これから私が往生し成仏すると理解いたします。すなわち、阿弥陀仏は衆生を往生させるための原理の成就、その名号を完成させたから、自分の仕事は終ったとして前もって成仏したのであって、あとは私たち衆生一人ひとりの自己責任として、事実として、その原理にしたがい、その名号をいただくかどうかにかかわるというわけです。阿弥陀仏の成仏という原理と衆生の往生という事実とを、まったく二元論的に分別して理解するわけです。だがこの私に対して誓われたところの、本願文の「若不生者不取正覚」（『無量寿経』）、「若不生者不取菩提」（『如来会』）という誓願の論理からすれば、この私が往生する、すなわち、真実信心を開発すること以外に、阿弥陀仏が成仏することはないわけで、私の往生と阿弥陀仏の成仏は、どこまでも同時成立といわざるをえません。このことこそが、阿弥陀仏の大悲の本質的な性格であり、またそのことこそが、阿弥陀仏の本願の根本的な道理であります。そのことを阿弥陀仏の成仏と私の往生とを、まったく二元論的に分別して理解するところに、真宗教義の誤解がはじまるわけです。そのことについては、『真宗学概論―真宗学シリーズ2』（九六頁以下）において詳細に論じたところであります。

2　現世における救済

次に〈無量寿経〉の現世における救済については、ことにその〈初期無量寿経〉においては、その願文によって見るならば、『大阿弥陀経』における第五願文の不善作悪者の道、第六願文の一般在家者の道、第七願文の菩薩道、出家者の道の三種の行道と、そのほかに第四願文の聞名往生の道、第二十四願文の見光往生の道、および上の第五願文、第六願文、第七願文の成就文としての三輩往生の文を明かすところです。なおまた、その『平等覚経』についても、その願文によるかぎり、第十八願文の菩薩の道、第十九願文の不善作悪者と（一般在家者の道は消滅）、そのほかに第十三願文の見光往生の道、第十七願文の聞名往生の道、および三輩往生の文が明かされます。そしてその願文によれば、浄土往生によってえられる利益、功徳が誓われますが、それ以外に、現生にかかわる救済については、その願文および経文においては何ら語るところはありません。その詳細については上の本願文のところで考察したところです。

しかしながら、〈後期無量寿経〉においては、本願文について見るならば、その『無量寿経』および『如来会』における第十八願文では、『大阿弥陀経』における不善作悪者の道の展開として、聞名にもとづく悪人往生の道を、第十九願文では、『大阿弥陀経』における出家者の道の展開として、菩提心にもとづく道を、また第二十願文では、『大阿弥陀経』における一般在家者の道の展開として、聞名にもとづく在家者の道の三種の行道と、〈初期無量寿経〉以来の三輩往生の文を明かしております。そしてそれ以外の現実における救済利益としては、第三十三願文の触光柔軟の益、第三十四願文の聞名得忍の益、そしてまた第三十七願文の人天致敬の益、第四十一願文の諸根具足の益、第四十二願文の住定供仏の益、第四十五願文の住定見仏（定中供仏）の益、第四十七願文の得不退転の益、第四十八願文の得三法忍の益などの合計八種の益が説かれております。ことにその中の第三十三願文の触光柔軟の益と第三十四願文の聞名得忍の益については、すでに上においても指摘したように、親鸞が、その「信文類」の真仏弟子について明かすところで、この二種の願文を引用して、それが真宗念仏者における現生における救済、利益であることを教説しているところです。

なおまた『サンスクリット本』においては、その願文においては、第十八願文では、『大阿弥陀経』における出家者の道の展開として、菩提心にもとづく聞名の道、第十九願では、『大阿弥陀経』における不善作悪者の道の展開として、聞名にもとづく悪人往生の道の二種の行道と、〈初期無量寿経〉以来の三輩往生の文を明かします。そしてそのほかの現生における救済利益としては、上に見た『無量寿経』と『如来会』と同じく、第三十三願文の触光柔軟の益、第三十四願文の聞名得忍の益、第三十六願文の人天致敬の益、第四十願文の諸根具足の益、第四十一願文の定中見仏の益、第四十四願文の定中供仏の益、第四十六願文の聞名不退の益、第四十七願文の得三法忍の益などが明かされております。それらについては上の本願文の考察のところでも見たところであります。

ところで、この『無量寿経』の第四十七願文と第四十八願文には、

たとい我仏をえんに、他方国土のもろもろの菩薩衆、我が名字を聞きて即ち不退転に至ることをえずば正覚を取らず。

たとい我仏をえんに、他方国土のもろもろの菩薩衆、我が名字を聞きて即ち第一・第二・第三法忍に至ることをえず、諸仏の法において即ち不退転をうるにあたわずは正覚を取らず。（真聖全一、一三頁）

と明かし、またその『如来会』の第四十七願文と第四十八願文では、

もし我無上菩提を証得せんに、余の仏刹の中の所有菩薩、我が名を聞きおわりて、阿耨多羅三藐三菩提において退転することあらば正覚を取らず。
もし我成仏せんに、余の仏国の中の所有菩薩、もし我が名を聞き時に応じて一・二・三忍を獲ず、諸仏の法において現に不退転を証することあたわずば菩提を取らず。
（真聖全一、一九三〜一九四頁）

と説いて、その『無量寿経』では「我が名字を聞きて即ち」不退転を証するといい、『如来会』でも「我が名を聞きおわりて」「我が名を聞き時に応じて」不退転を証するというところから見れば、その不退転とは、いちおうは現生の利益であることが知られてくるわけです。ただし『無量寿経』では、その第十八願成就文では、「彼の国に生まれんと願ずれば、即ち往生を得て不退転に住せん」（真聖全一、二四頁）といい、その「往覲偈」では、「名を聞きて往生を欲えば、みな悉く彼の国に到りて自ら不退転に致る」（真聖全一、二六頁）などと明かして、その利益は浄土往生のあとのことでもあると明かして、いささか論旨が混乱しているところです。

しかしながら、『サンスクリット本』の第四十六願文と第四十七願文によれば、わたくしの名を聞くであろう菩薩たちが、名を聞くと同時に、無上なる正等覚より退転しない者とならないようであるならば、その間は、わたくしは無上なる正等覚をさとりません。

わたくしの名を聞くであろう菩薩たちが、名を聞くと同時に、第一・第二・第三の認知（忍）を得ず、仏のもろもろの法より退転しない者とならないようであるならば、その間は、わたくしは無上なる正等覚をさとりません。（藤田宏達訳『梵文和訳・無量寿経・阿弥陀経』七二〜七三頁）

と説いて、「名を聞くと同時に」不退転に至ると明かし、またその第十八願成就文相当文にも、

かの世尊アミターバ如来の名を聞き、聞きおわって、たとえ一たび心を起こすだけでも、浄信にともなわれた深い志向をもって心を起こすならば、かれらはすべて、無上なる正等覚より退転しない状態に安住する。（藤田宏達訳『梵文和訳・無量寿経・阿弥陀経』一〇八頁）

と明かすところです。ただし、この『サンスクリット本』でも、その「往覲偈」の文においては、「わたくしのもとに来て、ここで、一生の間、退転しない者となる」（藤田宏達訳『梵文和訳・無量寿経・阿弥陀経』一一五頁）とあって、それが来世、浄土往生の利益としても捉えられていることがうかがわれます。この不退転とは、現生と来世の二世にわたる利益として捉えられているわけです。その点、この不退転の利益をめぐる理解については、い

ささか問題が残るところであります。

しかしながら、親鸞においては、この正定聚、不退転地の利益が、明確に現生における信心の利益として領解されたことは、すでに周知のところであります。

3　来世における救済

次に〈無量寿経〉の来世における救済については、その〈初期無量寿経〉においては、よく整理された『平等覚経』の願文によるならば、その浄土往生の利益としての第一願文の無三悪趣の益、第二願文の不更悪趣の益という個人的自立的な利益、第三願文の悉皆金色の益、第四願文の無有好醜の益という社会的平等的な利益をはじめとして、第五願文から第十願文までの六神通力の益、そしてさらには、第十一願文の必至滅度の益、第二十願文の一生補処の益が説かれているところです。なお正定聚、不退転の益については、〈初期無量寿経〉においては、その『大阿弥陀経』の願文においては、いまだ見られませんが、『平等覚経』の第十一願文においては、明らかにそのことが誓願されております。そして〈後期無量寿経〉においては、その願文において、明瞭に浄土往生をうるならば、誰でも等しくうるところの利益として語られることとなり、またその一生補処の益も、その『平等覚経』において、はじめて見られる思想であり、〈後期無量寿経〉以降は、還相廻向の益をも含んで明確に説かれることとなりました。そのほか、この〈初期無量寿経〉においては、浄土往生の利益としては、三十二相の益、飲食自然の益などが説かれるところであります。

また〈後期無量寿経〉においては、ことにその『無量寿経』と『如来会』の願文について見ますと、その〈初期無量寿経〉における第一願文の無三悪趣の益以下、第二十三願文の供養諸仏の益までは、およそ〈初期無量寿経〉に共通するものであります。しかし、それ以下の第二十四願文の供具如意の益から第四十八願文の得三法忍の益までは、新しく加増されたところの救済の利益であって、上に掲げたところの現生における利益以外のもの、すなわち、第二十四願文の供具如意の益、第二十五願文の説一切智の益、第二十六願文の那羅延身の益、第二十七願文の所須厳浄の益、第二十八願文の見道場樹の益、第二十九願文の得弁才智の益、第三十願文の智弁無窮の益、第三十一願文の国土清浄の益、第三十二願文の宝香合成の益、第三十五願文の女人成仏の益、第三十六願文の常修梵行の益、第三十八願文の衣服随念の益、第三十九願文の受楽無染の益、第四十願文の見諸仏土の益、第四十三願文の生尊貴家の益、第四十四願文の具足徳本の益、第四十六願文の随意聞法の益の合計十七種の益は、すべて来世、浄土往生のあとにうるところの、利益について明かしたものであります。その主なるものについては、上の本願文の考察において見たところであります。

なおまた『サンスクリット本』についても、上に掲げたところの『無量寿経』と『如来会』におよそ共通するところであります。ただし『荘厳経』における本願文によりますと、その利益の内容については、『無量寿経』と『如来会』のそれに多く共通しますが、ただ明確に相違するところは、浄土に往生するものは、「久しからずして」、「悉くみな」、「速やかに」、阿耨多羅三藐三菩提を成就すると説いて、往生即成仏を語っているところです。どうしてそのように主張することとなったのか、その詳細は不明ですが、充分に注目されるべきところでありましょう。

以上が、〈無量寿経〉において明かされるところの、現生および来世における阿弥陀仏の救済、利益の内実であります。

七　〈無量寿経〉の帰結

以上、〈無量寿経〉のおよその組織と、その基本的性格について概観したところですが、その教説の帰結としては、まずその〈無量寿経〉が明かすところの本願文の内実とは、人土成就の願、仏身荘厳の願、衆生摂取の願、救済勝益の願の四種に区分されますが、そのはじめの人土成就の願においては、すでに上において論じたように、私たち人間のまことの在り方と、社会のまことの在り方をめぐって誓願しているところです。すなわち、その第一の無三悪趣の願と第二の不更悪趣の願においては、私たち人間一人ひとりが、個人的には人格的に成熟して、まことの人格主体を確立し、確かに自立していくことを願っていること、また第三の悉皆金色の願と第四の無有好醜の願においては、私たちが住む現実の世界が、社会的には一切の差別、格差がなくなって、平等にして平和であるようにと願っているわけです。かくしてこのような人土成就の願が、阿弥陀仏の本願文の最初に掲げられていることは、〈無量寿経〉の特色として充分に注目すべきであり、阿弥陀仏思想、浄土教とは、何よりもまず、そういう個人的、社会的な理想の実現を求めて成立したものであって、そのことは、この〈無量寿経〉の基本的な立場として、よくよく認識されるべきところであります。

そして次に注目すべき点は、その行道とは、悪人成仏の道であるということです。そのことはすでにいろいろと論究したように、そのもっとも原形である〈初期無量寿経〉の『大阿弥陀経』の第五願文が、不善作悪者の行道を誓ったものであり、そこでは聞名にもとづく道が教示されております。そしてその行道は、さらに〈後期無量寿経〉においては、『無量寿経』や『如来会』の第十八願文の唯除逆謗の行道として、同じく聞名の道が明かされ、さらにもっとも後期の〈無量寿経〉と考えられる『サンスクリット本』においては、その行道としては、第十八願文と第十九願文の二願文に誓われておりますが、そこではともに聞名の道が明かされ、その第十九願文は、『無量寿経』と『如来会』の第十八願文と同じく唯除逆謗の行道として誓われているところであります。その点、〈無量寿経〉における仏道とは、もっとも初期の〈無量寿経〉において、悪人成仏の道として聞名の道が誓われていたものが、そののちにおける思想、教理の展開、深化の中で、ついには聞名の道に収斂されているわけで、〈無量寿経〉の仏道とは、ひとえに悪人成仏の道としての、聞名の道に帰結されていることが知られるところです。

そしてそのような悪人成仏の行道の内実としては、上において指摘したように、それはひとえに「阿弥陀仏の声を聞く」（『大阿弥陀経』真聖全一、一四二頁・『平等覚経』真聖全一、八二頁）という、「聞名」に帰結されるものでありましたが、またその「聞名」とは、これもまたすでに指摘したように、それがまさしき聞名となるならば、それはそのまま「信心」となるものであって、そのことは『無量寿経』の第十八願成就文に、「その名号を聞いて信心歓喜せんこと乃至一念せん」（真聖全一、二四頁）と明かし、またその『如来会』の第十八願成就文に、「無量寿如来の名号を聞きて乃至よく一念の浄信を発して歓喜せしめ」（真聖全一、二〇三頁）などというところです。

かくして、〈無量寿経〉が教説するところの聞名の行道とは、またその聞名にもとづくところの信心開発の道でもあって、〈無量寿経〉の行道とは、帰結するところ、聞名信心の道であるといいうるわけであります。

そしてそのような聞名信心の道を生きるならば、すでに今生において、菩薩道の第四十一位なる不退転地に住することとなるといい、さらにはまた、その〈後期無量寿経〉の願文によれば、その行道における来世の利益としては、一生補処の菩薩位にまで至り、次生には必ず成仏し、あらゆる衆生を救済する還相、利他の仏行を実践する利益をうると明かしております。なお親鸞は、それを現世の不退転地の益に重ねて捉え、真実信心の人は、すでにこの現生において、一生補処なる弥勒菩薩とも同じであるともいい、死後に浄土に往生すれば、ただちに大般涅槃を超証すると主張しているところであります。

以上が〈無量寿経〉の基本的な教説の帰結であります。

第三章 『観無量寿経』

一 『観無量寿経』の組織とその解説

次に『観無量寿経』について概観するにあたり、まずその組織について見てまいります。なおこの『観無量寿経』については、すでに上においても見たように、それはインドで成立したものではなく、〈後期無量寿経〉成立以降に、中央アジア地方か、または中国において作成されたものであろうといわれ、またこの『観無量寿経』において教説される行道は、同じ浄土教の経典でありながら、〈無量寿経〉や〈阿弥陀経〉が説くところの聞名不退、聞名往生の道とは、まったく異なった思想背景をもって生まれていることが知られます。なおまた、この『観無量寿経』の叙述における訳語、用語の不統一の点などからすると、もともとは各別であった経説が、序分、正宗分として統合、編集されて、この経典が生まれたものではないかという疑義も提出されているところであって、この『観無量寿経』を読解するにあたっては、多くの問題が伏在することを前提として、考察することが肝要でありましょう。

ところで経典を読むについては、すでに上の〈無量寿経〉においても述べたように、一般的には、その全体の組織を、序分、正宗分、流通分の三分科に区分して見ます。事実、地論宗の浄影寺の慧遠（五二三～五九二）の『観無量寿経義疏』、および三論宗の吉蔵（五四九～六二三）の『観無量寿経義疏』は、いずれもこの三分科法を用いております。しかしながら、善導（六一三～六八一）は、それに対して、特別に序分、正宗分、得益分、流通分、耆闍分という五分科に区分して捉えております。この『観無量寿経』の組織としては、そのような理解がより分かりやすいと思われますので、以下はその善導の分科法にしたがって見ることといたします。

そこでその分科について図示しますと次の通りです。

『観無量寿経』の分科・組織表

- 序分
  - 証信序……「如是我聞」
  - 化前序……「一時仏在」
  - 発起序
    - 禁父縁……「爾時王舎」
    - 禁母縁……「時阿闍世」
    - 厭苦縁……「時韋提希」
    - 欣浄縁……「唯願世尊」
    - 散善顕行縁……「爾時世尊」
    - 定善示観縁……「仏告阿難」
- 定善
  - 一、日想観……「仏告韋提」
  - 二、水想観……「次作水想」
  - 三、地想観……「此想成時」
  - 四、宝樹観……「仏告阿難」
  - 五、宝池観……「次当想水」
  - 六、宝楼観……「衆宝国土」
  - 七、華座観……「仏告阿難」
  - 八、像　観……「仏告阿難」

- 正宗分
  - 九、真身観……「仏告阿難」
  - 十、観音観……「仏告阿難」
  - 十一、勢至観……「次復応観」
  - 十二、普　観……「見此事時」
  - 十三、雑想観……「仏告阿難」
  - 散　善
    - 十四、上輩観
      - 上品上生……「仏告阿難」
      - 上品中生……「上品中生」
      - 上品下生……「上品下生」
    - 十五、中輩観
      - 中品上生……「仏告阿難」
      - 中品中生……「中品中生」
      - 中品下生……「中品下生」
    - 十六、下輩観
      - 下品上生……「仏告阿難」
      - 下品中生……「仏告阿難」
      - 下品下生……「仏告阿難」
- 得益分……「説是語時」
- 流通分……「爾時阿難」
- 耆闍分……「爾時世尊」

1 序分

(1) 証信序

そこで以下、上の組織表を中心に、『観無量寿経』の内容について解説してまいります。まずその序分については、一般には証信序と発起序の二序に分けられますが、善導はそれについて、証信序と化前序と発起序の三序に分けております。その証信序とは、この経典の教説を正しく信奉すべきことを証明する部分で、この『観無量寿経』では、その内実を、最初の「如是我聞」の四字に摂めて理解いたします。その点、ここではその証信序の内実としての、信、聞、時、主、処、衆の六事は、論理的には存在しないこととなります。

(2) 化前序

そして次に化前序とは、この『観無量寿経』が教説される以前ということで、その「一時仏在」から「而為上首」までをいい、釈迦仏が、王舎城の耆闍崛山において、文殊菩薩を上首とする三万二千の菩薩と、大比丘衆千二百五十人とともにましましたということです。ところで善導の意趣によれば、この化前とは、たんなる『観無量寿経』の教説以前ということではなくて、それは釈迦仏一代の教法、八万四千の法門をさし、釈迦仏がその生涯をかけて教説したところの全仏教は、すべてこの『観無量寿経』が説くところの仏道に、方便誘引するためのものであって、いまは釈迦仏がその出世の本意として、この『観無量寿経』を開説したと理解しているわけです。ここには善導独自の領解があるわけで、善導は、ここで全仏教の中における浄土教、阿弥陀仏の本願の教法の、最勝性、真実性を主張しようとしているところであります。

なお伝統教学においては、この化前をめぐり、それを天台教学の五時八教判の論理に重ねて、釈迦仏最後の説法を『法華経』と捉え、ここでいう化前とは、その『法華経』が説かれていた時を意味すると解釈してきましたが、それが歴史的な事実として成立しないことはいうまでもありません。

（3）発起序

そして次の発起序とは、この『観無量寿経』が教説されることとなった原因、その発起の因縁としての、マガダ国の王舎城における頻婆娑羅（ビンビサーラ Bimbisāra）王と韋提希（ヴァイデーヒー Vaidehī）夫人の夫婦と、その太子の阿闍世（アジャータシャトル Ajātaśatru）との親子関係のもつれ、その争いによって、父王が殺害され、韋提希夫人が牢獄に幽閉されるという事件について述べる部分で、慧遠は禁父、禁母の二縁、吉蔵も殺父、執母の二縁をあげるに対して、善導は、その「爾時王舎大城」(真聖全一、四八頁)以下の文を、禁父縁、禁母縁、厭苦縁、欣浄縁、散善顕行縁、定善示観縁の六縁に分けて、牢獄の中の韋提希夫人が、釈迦仏に向かって自己の苦悩を告白し、憂苦のない浄土に往生したいと欣求し、さらにそのことを受けて、釈迦仏が浄土に往生するについては、散善の行と定善の行を修めるべきことを教示されたと領解いたします。そして慧遠は、その欣浄縁の「唯願世尊」(真聖全一、五〇頁)以下を、また吉蔵もその「時韋提希」(真聖全一、五〇頁)以下を正宗分と見るわけですが、善導は、定善示観縁のあとの「仏告韋提希」(真聖全一、五一頁)の日想観以下を正宗分だと捉えます。

なおまたこの欣浄縁においては、韋提希夫人が、釈迦仏に向かって浄土に往生したいと願求するについて、「ただねがわくは世尊、我に思惟を教え、我に正受を教えたまへ」(真聖全一、五〇頁)と表白したといいますが、慧遠は、その「思惟」とは散善を、その「正受」とは定善と見て、それはともに韋提希夫人の請求によると捉えるに対して、善導は、その思惟と正受とは、ともに定善を意味して韋提希夫人の請求によるといい、散善は釈迦仏自身の意志によって開説したものだと理解いたします。しかしながら、経説の意趣からすれば、善導の解釈はいささか強引すぎるものですが、この『観無量寿経』の帰結は、ひとえに散善の中の念仏行を教示することにあったと領解する善導の立場からすれば、そのように解釈せざるをえなかったわけでしょう。

ところで、ここでいう散善顕行縁の散善とは、慧遠の命名によるもので、心が散乱する日常生活のままで修められる善根をいい、善導によると、発起序の中の「爾時世尊」（真聖全一、五〇頁）以下はそのことについて略説し、あとの正宗分の十六観の中の第十四観（真聖全一、六〇頁）以下の三観は、それについて詳しく解説したものだと捉えます。そしてその内実は、孝養父母、奉事師長、慈心不殺、修十善業（不殺生《ふせっしょう》、不偸盗《ふちゅうとう》、不邪婬《ふじゃいん》、不妄語《ふもうご》、不悪口《ふあっく》、不両舌《ふりょうぜつ》、不綺語《ふきご》、不貪欲《ふとんよく》、不瞋恚《ふしんに》、不邪見《ふじゃけん》）なる世間的な善としての世福《せふく》。仏、法、僧の三宝に帰依して、五戒（不殺生、不偸盗、不邪婬、不妄語、不飲酒《ふおんじゅ》）や八戒（上の五戒に不臥高広床戒《ふがこうこうしょうかい》、不花鬘瓔珞戒《ふけまんようらくかい》、不歌舞戯楽戒《ふかぶぎらくかい》の三戒を加えたもの）を具足する、小乗仏教における戒福《かいふく》。そして発菩提心、深信因果、読誦経典、修利他行などの大乗仏教における行福《ぎょうふく》の三種、三福の善根をいいます。そしてまた次の定善示観縁の定善とは、これも慧遠の命名によるもので、心を定めて特別に修めるところの仏と浄土についての観察行なる善根をいい、善導によると、その発起序の「仏告阿難」（真聖全一、五一頁）以下はそのことについて略説し、あとの正宗分の十六観の中の前十三観（真聖全一、五一～六〇頁）は、それについて詳しく解説したものだと理解いたします。なおここで、仏、韋提希に告げたまわく、汝はこれ凡夫なり、心想羸劣《しんそうるいれつ》にしていまだ天眼《てんげん》をえざれば、遠く観ることあたわず。諸仏如来に異の方便ましまして汝をして見ることをえしむ。（真聖全一、五一頁）

と説くものは、善導によると、その「異の方便」とは、いかなる末代の凡愚でも、よくこの観仏行を成就せしめたいという、如来の「聖力冥加の現益」（『玄義分』真聖全一、四六一頁）を意味するといいます。

ただし、慧遠は、定善とは十六観なる観仏行をいい、散善とは、その観仏行の前に説かれる、善導がいうところの散善顕行縁以下の三福の行をいうわけですが、善導は上に見たように十六観の中の前の十三観を定善といい、あとの三観を散善というわけです。なお吉蔵は、三福と十六観を語って、散善、定善とはいいません。

ところで、この『観無量寿経』では、その発起序の中では、散善を先として定善を後とし、正宗分では、その反対に、定善を先に説き、散善を後に説きますが、この相違はいかに理解すべきでしょうか。善導によれば、定善の十三観は韋提希夫人の請求によって教説され、後の三観、三福の散善は、釈迦仏の自らの意志によって開説したものであるところから、この発起序においてはことにそれを先に教説したと捉え、この散善の教法こそが釈迦仏の出世本意の教えであるといいます。かくして『観無量寿経』では、その発起序の散善を説くところで、「この時世尊すなわち微笑したまう」(真聖全一、五〇頁)と明かして、出世の意趣を開説する時機が到来したことの喜びを表現していると捉えます。いまこの発起序において、あえて散善の行を先に略示したのは、そういう理由によるものだというわけです。

2 正宗分

(1) 慧遠・吉蔵・善導の分科

そこで次いで、正宗分について見ていくことといたします。この正宗分の内容については、慧遠は、この『観無量寿経』の行道について、「散善往生」の道と「定善往生」(大正三七、一七八頁)の二種の道があるといい、その散善とは、上に見たように世、戒、行の三種の浄業、三福を意味し、その定善とは、十六正観、観仏の行をいいます。そして慧遠は、その観仏については、はじめの第一観から第七観までを「依報」を観ずるといい、その第八観から第十六観までを「正報」を観ずるといいます。そしてその観見の功徳によって浄土に往生をうるというわけですが、慧遠はまた、この『観無量寿経』には四種の行道を教説しているといい、それは「修観往生」と「修業往生」と「修心往生」と「帰向往生」の四種の行道を意味するといいます。その修観往生とは『観無量寿経』所説の定善なる十六観法を意味し、修業往生とは散善なる三福の行を意味し、修心往生とは『観無量寿経』の第十四観、上品上生の文において説かれるところの、至誠心、深心、廻向発願心の三心を修める道を意味し、また帰向往生とは、

自ら行なしと雖も、善友ために仏法僧の名を説き、あるいは弥陀の仏徳を歎説し、あるいは観音勢至を歎じ、あるいは彼土の妙楽勝事を歎じ、一心に帰向するゆえに往生をうる。中においてあるいは念じ、あるいは礼、あるいは歎じ、あるいはその名を称するならば、ことごとく往生をうる。（大正三七、一八三頁）

と明かして、一心に帰向する道のことであるといいます。そしてそのことを人に就いて説いたものが、上品上生以下、下品下生までの三輩九品の教説であるというわけです。

そしてまた吉蔵は、この『観無量寿経』の行道について、「三種の善を浄土の因」とする道と、「十六種の観を浄土の因」（大正三七、二四一頁）とする道があるといい、その三種の善とは三福をいい、それは「世間凡夫の善」（世福）と「小乗の善」（戒福）と「大乗の善」（行福）をいいます。ここでは定善、散善の語は用いません。そしてまた、その十六種の観とは、はじめの第一観より第十三観までが「無量寿観」であり、あとの第十四、第十五、第十六の三観は「九輩観」といいます。そしてその無量寿観については、はじめの

六観が「観無量寿国」としての「依果」を観ずることであり、あとの七観が「観無量寿仏身」としての「正果」を観ずることであるといいます。そして第十四、第十五、第十六観は「三輩往生」について観ずるわけで、上の第一観から第十三観までの「依果」、「正果」を観ずるという「果」を観ずるに対しては、その「因」を観ずることを意味するといいます。

そのような理解に対して、善導はこの正宗分については、その第一観の日想観から第十三観の雑想観を定善の道と捉え、その第十四観、第十五観、第十六観を散善の道と理解いたします。この定善、散善の語は、上に見た慧遠の説を承けているわけです。そしてまた、その定善については、第一観の日想観から第七観の華座観までを「依報」観といい、第八の像観以下を「正報」観といたします。その各々については改めて解説いたします。

そこで以下、まずその十六観をめぐる観名について、『観無量寿経』では、それぞれの観想名を掲げて、初観から第十六観までを番号を付して呼んでおりますが、慧遠、善導、法然、親鸞らは、それぞれに観名を命名しておりますので、それについて一瞥することといたします。その内容については次の通りです。なお吉蔵は観名については語っておりません。

観無量寿経 想名	観無量寿経 観名	慧遠 観名	善導 観名	法然 観名	親鸞 観名
日想	初観	日観	日観	日想観	日想観
水想	第二観	水観	水観	水想観	水想観
地想	第三観	地観	地想観	地想観	地想観
樹想	第四観	樹観	宝樹観	宝樹観	宝樹想観
八功徳水想	第五観	池観	宝池観	宝池観	宝池観
総観想	第六観	惣想観	宝楼観	宝楼観	宝楼観
華座想	第七観	華座観	華座観	華座観	華座観
像想	第八観	仏菩薩像観	像観	像想観	像想観
偏観一切色身想	第九観	仏身観	真身観	仏身観	真観
観観世音菩薩真実色身想	第十観	観世音観	観音観	観音観	観音観
観大勢至色身想	第十一観	大勢至観	勢至観	勢至観	勢至観
普観想	第十二観	自往生観	普観	普観	普観
雑観想	第十三観	雑明仏菩薩観	雑想観	雑想観	雑観
上輩生想	第十四観	上品生観	上輩観		
中輩生想	第十五観	中品生観	中輩観		
下輩生想	第十六観	下品生観	下輩観		

なおこの名称は、慧遠については『観無量寿経義疏』（大正三七、一七八頁）に、善導については「定善義」（真聖全一、四九八頁以下）に、法然については『観無量寿経釈』（真聖全四、三〇九頁以下）に、親鸞については『愚禿鈔』（真聖全二、四七二頁）に見られるところです。

なおまた善導によりますと、その観想には仮と真とがあって、その依報観では、第一の日観と第二の水観の中の水想観と氷想観を、それがまことの観想に入るまでの方便、トレーニングの観想であるところから「仮」観といい、その瑠璃想から第六の宝楼観までを「真」観といいます。そしてまたその依報観では、第七華座観のみを、ただ阿弥陀仏に属するところから「別」といい、その他の観想を「通」といいます。そして次の正報観でも、また共通して、第八の像観を「仮」観といい、第九の真身観のみを「真」観といいます。そしてまた、その第八の像観と第九の真身観は阿弥陀仏に属するところから「別」といい、その他の観想を「通」と明かしております。この観想にも仮（方便・トレーニング）と真（本義）、通（一般）と別（阿弥陀仏）があるということです。まことに細やかなる分類、教示であります。

(2) 定善の道

第一日想観

そこで以下、善導の教示にしたがって、正宗分の内容を概観していくことといたします。その第一の日想観とは、太陽が西方に没するにあたって、心を静止し想念をもっぱらにしてその相状を観じ、眼を閉じても開いても、その日没の様相が鮮やかに観想できるようになることをいいます。善導はそれについて、そのことは浄土の方処を明確化し、その観想をとおして自分が宿す罪障について自覚せしめられ、浄土の光明が太陽を超越していることを覚知させるためのものであるといい、浄土は直西の方向にあるところ、ことには春分と秋分の日を選んで行ずべきことを指示しております。

第二水想観

次の第二の水想観とは、心を集中して水の清澄なる相を見ることをいい、それに次いで氷の映徹する相を見よといいます。ここでは氷のことが説かれていますが、インドの一般の地域において氷を観ずることは困難ですから、このことからしても、この『観無量寿経』が、インド以外で成立したことがうかがわれましょう。なおこの日想観と水と氷を観ずることが、仮観としての方便、トレーニングの意味をもっていることは、すでに上において述べたところであります。また氷を見たら次に瑠璃《るり》を見よといいます。この瑠璃とは緑柱石のことで、インドにおける七宝の一種で中央アジア地方で産出される宝石です。いまは水、氷、瑠璃の映徹を見ることをとおして定心となり、浄土の大地が瑠璃によって合成され、その上に千万の楼閣が聳えて数々の光明が輝き、また無量の清風が美しい音楽を奏でていることなどを観想せよというわけです。

なお善導は、それについて自分が座した床の地上に水の入った椀をおき、自分の眉間に豆つぶほどの白い点をつけ、その水に映った姿に注目して観想を続けていくならば、ついには心を一境に止住することができると説いております。このことは『大毘婆沙論』巻三九において、心の統一を深める方法として、念を眉間や鼻などに集中することを教示するものをうけて明かしたものでしょう。

第三地想観

次の第三の地想観とは、三昧を行ずることにより、浄土の大地について観想することをいいます。ただし、この第三観を明かす経文をめぐっては問題があります。すなわち、流布本などでは、

この想が成ずる時、（中略）かくのごとく想う者を名づけて、ほぼ極楽の国地を見るものとなす。（真聖全一、五二頁）

と明かしていますが、高麗本などでは、

この想が成ずる時、（中略）名づけて正観となし、もし他観するものは名づけて邪観となす。仏阿難および韋提希に告げたもう。水想を成じおわる。名づけてほぼ極楽国地を見るものとなす。（大正一二、三四二頁）

と説いて、ともに上に見たところの、第二の水想観の中では、浄土の大地が瑠璃地で合成されていることを観ぜよといい、その水想観の延長として、この地想観が教説されていることが知られます。その点、その流布本では、第三の地想観は、「この想が成ずる時」という文からはじまることとなり、高麗本では、「仏阿難および韋提希に告げたもう」という文からはじまることとなります。しかしいずれにしても、第二の水想観の延長において、第三の地想観が成立してくることを明かしているわけであります。なお善導は、その流布本にしたがって理解しております。

第四宝樹観

次の第四の宝樹観とは、浄土の宝樹について観想することをいいます。経典によると、その宝樹は七重の並木として繁り、高さは八千由旬におよび、その枝は二十五由旬に広がって、金、銀などの七宝の葉と花を具足し、そこにはさまざまな色彩の光明が輝いているといいます。またその樹の枝には真珠のついた網がおおわれ、その網の樹々の間には、多くの華麗な宮殿が並び、またその宝樹には、さまざまな美しい花が咲き、多くの果実が生まれているといいます。そしてそこから発せられる光明は、一切の仏事を映現し、また十方の仏国土を現出させます。そういう浄土の宝樹について、その幹、枝、葉、花、果と次第して観見せよというわけです。

第五宝池観

次の第五の宝池観とは、浄土の宝池について観想することをいいます。経典によりますと、浄土には八種の池があり、それぞれの池には、如意宝珠より噴出した水が十四の流れとなり、黄金の川に沿って流れ、七宝の色彩を輝かせております。またその川の中には七宝の蓮華が咲き、その水の音は、苦、空、無常、無我、諸波羅蜜の教えを語り、またその宝珠より金色の光明が輝き、それが百宝色の鳥と化して、念仏、念法、念僧を勧進しているといい、そのような浄土の八功徳水の宝池について観想せよというわけです。

第六宝楼観

次の第六の宝楼観とは、浄土の宝楼について観想することをいいます。経典によりますと、浄土には五百億の楼閣が聳えており、その中には多くの天人が住して音楽を奏で、またその虚空にはさまざまな楽器があって自然に音をだして、念仏、念法、念僧を教説しております。以上で浄土の第四の宝樹と第五の宝池と第六の宝楼の荘厳相を観じおわるので、これらを総観想と名づけるといいます。このことは、はじめの第一観の日想観と第二の水想観とその延長としての第三の地想観が一連の観想であり、そしてまたこの第四、第五、第六が、同じく一連の観想であることを示すものでありましょう。

第七華座観

次の第七華座観とは、阿弥陀仏が住立する台座としての、蓮華の相状について観想することをいいます。ただし、ここで説かれる経文のはじめの部分は、釈迦仏の言葉に応じて、阿弥陀仏が示現して空中に住立したという話であって、それは観想について教示したものではありません。慧遠や吉蔵は、この経文は、直接に観法にかかわるものではなく、ここで韋提希夫人が得忍したことを明かすもので、それは次の観法への導入を意味すると理解し、第七華座観は、次の「仏、韋提希に告げたまわく」（真聖全一、五四頁）以下だといいます。しかしながら、善導は、この文を依報観なる、第七華座観の内実について説いたものと捉えます。

経文の当面からすれば慧遠、吉蔵の理解が穏当でありましょうが、善導は、この文が教示するところの、韋提希夫人が阿弥陀仏と観音、勢至の二菩薩を観見して得忍したということは、定善の観法にもとづいて成立したものではなくて、あくまでも釈迦仏が、韋提希夫人のために「除苦悩の法」（真聖全一、五四頁）を開示したことによるものであり、それはまた、阿弥陀仏の大悲の発現によるものであることを主張しようとして、あえてこの文を第七の華座観に属するものとして捉えたわけです。そしてこの文を承けて再説したのが、経末における得益分の文であって、善導がこの経末の文をことさらに得益分として別出したのも、同じような意図によるものでありましょう。

なお伝統教学においては、この『観無量寿経』における韋提希夫人の得忍の時機は、発起序の中の欣浄縁において、「我に教えて清浄の業処を観ぜしめたまへ」という願いに応じて、「韋提希をして見せしめたもう」（真聖全一、五〇頁）と明かされる文にもとづいて、ここで得忍したという理解と、この第七華座観において、「無量寿仏空中に住立したもう。（中略）韋提希無量寿仏を見たてまつる」（真聖全一、五四頁）の文にもとづいて、ここで得忍したという理解と、経末の得益分において、「韋提希五百の侍女とともに（中略）廓然として大悟し無生忍をえたり」（真聖全一、六五頁）という文にもとづいて、ここで得忍をえたという三種の理解を語ります。しかしながら、その経末の得益分の文は、上の経説をうけて再説したものと理解すべきであって、問題は欣浄縁のところか、第七華座観のところかということとなり、古来の真宗教学では両説が主張されてきましたが、経文に忠実にしたがうならば、欣浄縁における見仏は、諸仏の浄土の中で、阿弥陀仏の浄土を選んで観見し欣求せしめたということを語ったもので、ここでただちに得忍したと説いているわけではないでしょう。その点からすれば、第七の華座観において、「汝がために苦悩を除く法を分別し解説すべし」といって、阿弥陀仏と観音、勢至の二菩薩を観見せしめたというところで、得忍したと理解すべきでありましょう。

第八像観

次の第八の像観とは、善導の理解によれば、ここから正報、すなわち、阿弥陀仏と観音菩薩と勢至菩薩、および往生人について観想することをいいます。そしていまは阿弥陀仏の仏像を観想せよというわけです。なおこの像観は、善導によりますと、上の第一の日想観と第二の水想観の中の水想観と氷想観が、方便、トレーニングの観想、仮観であったように、この第八の像観も同じように、以下の真身等を観察するためのトレーニングの観想、仮観だといいます。すなわち、蓮華上に坐すところの阿弥陀仏の仏像を観じ、さらにはまた、その両側、左側に観世音菩薩の像が、右側に大勢至菩薩の像があって、それぞれが金色の光明を放ちつつ、浄土の世界に遍満して妙法を説いていることを観ぜよというわけです。

なおここでは、仏、如来とは、「法界身なり、一切衆生の心想の中に入りたもう」（真聖全一、五五頁）と説いております。その法界身とは、慧遠や吉蔵は、真如法性のことで、法身、理仏と捉えましたが、善導は、法界とは、所化の境のことでこの衆生界をいい、その身とは能化の身にして仏身を意味し、あらゆる人々を救済する阿弥陀仏のことであると理解しております。かくして、その次に説く「この心仏を作り、この心これ仏なり」とは、慧遠、吉蔵は、人間は本来に仏性を具しているところ、その心において像観が成就するならば、すなわち作仏、仏となり、したがってまた、その心のほかに仏は存在しないところ、その心は是仏にして、そのまま仏にほかならないことを意味すると解釈しましたが、善導は、自己の信心によって仏身の相状を観想、憶念することを作仏といい、またその信心を離れて仏は存在しないところを、是仏というと明かしております。

また善導は、この仏身、仏土をめぐって、「指《し》方立相《ほうりつそう》」（「定善義」真聖全一、五一九頁）、すなわち、経典が西方の方向を指示して、その仏身と仏土の相状について微細に教説するのは、私たち世俗に沈む罪濁の凡夫のために、あえてそのように対象的、形相的に語ったものであるといいますが、そのことは、現代における宗教学的な視座からいえば、仏教における究極的な真実、真理、釈迦仏の「さとり」の本質を、改めて象徴表現したものにほかならないということでありましょう。

第九真身観

次の第九真身観とは、ただちに阿弥陀仏そのものを観ずることをいいます。ここでは阿弥陀仏の身相を明かすについて、その身長は百千万億の那由他恒河沙由旬の高さだといいます。ここでいう那由他《なゆた》(nayuta)とは、数の単位のことで一千億を意味します。また恒河沙とは、恒河とはガンジス河のことで、沙とは砂のことです。かくして恒河沙とは、その砂の数を意味して、無量、無数であることの比喩として用いられたものです。そして由旬《ゆじゅん》(yojana)とは、古代インドの距離の単位で約七キロメートルといわれます。とすると、阿弥陀仏の身長は、一千億にして、なおガンジス河の砂の数ほどの無量の由旬の高さをもっているというわけです。そしてその光明は閻浮《えんぷ》檀金《だんこん》、すなわち、もっとも精良にして華麗な黄金の色をもち、その眉間の白《びゃく》毫《ごう》、白い毛のかたまりは、須弥《しゅみ》山《せん》が五山ほど集まったほどだといいます。いずれにしても途方もない巨大さです。このような表現は何にもとづいてそう語られるのでしょうか。その背景に巨大な大仏の思想があったと思われます。しかしながら、こんな仏身を観想することが、はたして可能なことなのでしょうか。

ここではそのような仏身を観るものは「仏心を見る」といい、その仏心とは、「大慈悲これなり。無縁の慈をもって、もろもろの衆生を摂するなり」（真聖全一、五七頁）と明かしております。

なおまたここでは、その眉間の白毫を観ずるものは、その仏身の八万四千の相好のすべてを観ることができるといい、善導も、

相好衆多なれば総雑して観ずることをえず、ただ白毫の一相を観ずることを明かす。ただ白毫を見ることをうれば、一切の象相自然に現ずるなり。（「定善義」真聖全一、五二三頁）

と明かして、この白毫に焦点を絞って観想するならば、仏身の相好のすべてが、自然に出現してくるといっております。この白毫観については、日本の源信も注目しているところで、その『往生要集』の巻中本に、観察門について明かすのに、別相観、総相観、雑略観の三種を語りますが、その雑略観において、白毫を観ずる功徳を説いて、「広き行に堪えざるもののために、ただ略観のみを勧めるなり」（真聖全一、八一一頁）と明かし、この白毫観にすべての観察行を集約して語っております。

第十観音観

次の第十の観音観とは、阿弥陀仏の左側に坐す観世音菩薩を観ずることを明かします。この観世音菩薩の身長は「八十万億那由他由旬」といいます。次に明かすところの大勢至菩薩の身長もまたそれと同じだといいます。とすると、上の第九観において、阿弥陀仏の身長を説明するのに、「六十万億那由他恒沙由旬」と語るものと、その「恒河沙」の語の有無が本質的には関係ないとすれば、観世音菩薩と大勢至菩薩の身長が阿弥陀仏のそれよりも高いこととなって、バランスがとれないこととなりますが、このことはいかなる理由によるものでしょうか。この『観無量寿経』の記述には、そのほかにも、いろいろと均衡のとれない文章が見られるところで、この『観無量寿経』の教説にしたがって、はたして正当な観想を実践、成就することができるのであろうかと、疑問を抱かざるをえません。

第十一勢至観

次の第十一の勢至観とは、阿弥陀仏の右側に坐す大勢至菩薩を観ずることを明かします。その身相は、「観世音のごとく、等しくして異あることなし」（真聖全一、五九頁）と明かしております。

第十二普観

次の第十二の普観とは、以上の観想が、すべて浄土の依報と正報について、客体的に観察するものであったのに対して、自分自身が、いままさに浄土に往生し、その蓮華の中に化生し、やがてその蓮華が開いて光明に照らされ、阿弥陀仏に値遇するという状況について観想せよというわけです。このような観想は、浄土の依報と正報とを、同時に普く観想するところから普観といったわけでしょう。

第十三雑想観

そして最後の第十三観の雑想観とは、阿弥陀仏の相好は、上の第九真身観において見たように、無限の広大さをもっとも語られますが、それを観ずるについては凡夫の心力ではおよばないところ、一丈六尺の仏像が池水の上にましますものを観ぜよといいます。そしてそのほか阿弥陀仏は、種々に変化して衆生を救済したもうわけですが、その阿弥陀仏の大仏身、小仏身、真仏、化仏など、さまざまに変化する仏身について観想せよといいます。そういう観想をめぐって、それを雑略観と名づけたわけでしょう。

以上で、定善の十三観について概観いたしました。ここで注意すべきことは、すでに上においても指摘したように、阿弥陀仏の仏身や観音菩薩、勢至菩薩の形相における計量的な表現をめぐっては、常識を絶するほどの巨大な表象、ないしは不均衡な記述があって、はたしてそのような相貌についての観想が成立するものであるかどうか、深い疑問が生まれてまいります。またそれらの観想をめぐる用語の不統一などからして、先学によると、この定善観は、はじめからまとまって説かれたものではなく、いろいろな教説を、のちに一定の意図のもとに、体系化されて語られたものであろうといわれておりますが、その点も充分に考慮して解読すべきでありましょう。

（3）散善の道

そこで次に第十四観、第十五観、第十六観の三観なる、散善について見ることといたします。『観無量寿経』では、この三観、散善をさらに九種に分類して、まず上輩（上品）、中輩（中品）、下輩（下品）の三輩、三品に区分し、さらにそれぞれを上、中、下の三生に区分して、この散善を行ずる人間の性格、機根を九種類に分別いたします。すなわち、

- 上品
  - 上生
  - 中生
  - 下生

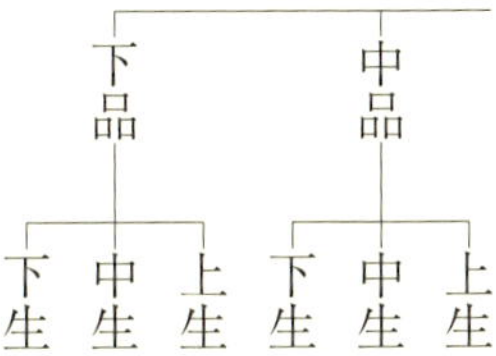

というわけです。このように浄土願生の行人を上、中、下の三輩に分類することは、すでに上に見たように、〈初期無量寿経〉の『大阿弥陀経』以来の〈無量寿経〉にも見られるところであって、それをさらに細分化したものとも理解されます。

しかしながら、最近の中国史、ないし中国仏教史研究の視点から、『漢書』の「古人表」において、歴史上の人物をめぐって評価し、それを上上（聖人）、上中（仁人）、上下、中上（智人）、中中、中下、下上、下中、下下（愚人）の九種に序列を附していること。あるいはまた、曹魏の時代から六朝時代を通じおこなわれた、官吏登用法としての、官職を九等級に区分した「九品官人之法」にもとづいて説かれたのではないか、という見解も提示されているところです。それらの主張は充分に考慮されるべきところでありましょう。

もしもこのような分類が、中国のそれにもとづいて成立したとするならば、『観無量寿経』の中国撰述説に決定的な影響を与えることとなりましょう。

その九品の内実については、慧遠の『観無量寿経義疏』によれば、

- 上輩
  - 上品上生―大乗の第四、第五、第六地の菩薩。
  - 上品中生―大乗の初地、第二地、第三地の菩薩。
  - 上品下生―大乗の三賢（十住、十行、十廻向）の菩薩。
- 中輩
  - 中品上生―小乗の預流果、一来果、不還果の人。
  - 中品中生―小乗の預流果以前の内外の凡夫。
  - 中品下生―小乗の預流果以前の世俗の凡夫。
- 下輩
  - 下品上生
  - 下品中生
  - 下品下生
  - ―大乗始学の人で罪過の軽重にしたがって分って三品とする。

（大正三七、一八二頁）

と明かします。そしてまた吉蔵の『観無量寿経義疏』によりますと、

- 上輩
  - 上品上生―大乗の第七地の菩薩。
  - 上品中生―大乗の第七地以前、第二地までの菩薩。
  - 上品下生―大乗の初地の菩薩。
- 中輩
  - 中品上生―小乗の阿羅漢の人。
  - 中品中生―小乗の預流果の人。
  - 中品下生―小乗の預流果以前の人。
- 下輩
  - 下品上生―大乗を学ぶ不善作悪の人（十悪の人）。
  - 下品中生―大乗を学ぶ不善作悪の人（四重禁の人）。
  - 下品下生―大乗を学ぶ不善作悪の人（五逆の人）。

（大正三七、二四四～二四五頁）

と捉えております。

そして善導の見解によりますと、次の通りです。

- 上輩
  - 上品上生―大乗上善の凡夫。
  - 上品中生―大乗次善の凡夫。
  - 上品下生―大乗下善の凡夫。

- 中輩
  - 中品上生—小乗上善の凡夫。
  - 中品中生—小乗下善の凡夫。
  - 中品下生—世善上福の凡夫。
- 下輩
  - 下品上生—十悪軽罪の凡夫。
  - 下品中生—破戒次罪の凡夫。
  - 下品下生—五逆重罪の凡夫。

（「散善義」真聖全一、五三二〜五五四頁）

このような慧遠、吉蔵と善導の解釈の相違については、慧遠、吉蔵は、それぞれをきわめて高級な菩薩、人間と捉えますが、善導はそれに対してきわめて低級なる凡夫と理解しております。そのことは、慧遠、吉蔵が、『観無量寿経』が説くところの、それぞれの浄土往生以後にうる果報にもとづいて理解するに対して、善導はその浄土往生の因行にもとづいて解釈することによって生じたもので、浄土教の立場からすれば、この『観無量寿経』が教化の対象とするものは、慧遠や吉蔵が主張するような高級な菩薩、人間ではなく、まったくの世俗に生きる罪業深い凡夫にほかならないわけであって、それについては善導の解釈が正しいといわざるをえません。

そこで以下、善導の理解にしたがって、この『観無量寿経』が説くところの、九品それぞれの行道について見ていくことといたします。

第一　上品上生

まず第一の上品上生の者とは、大乗仏教に値遇したところの上善の凡夫であって、この人たちは、経典の教示によれば三種の心、すなわち、至誠心、深心、廻向発願心なる三心を発して浄土を願生するならば、浄土に往生することができるといい、また三種の世福（世俗の善行）、戒福（小乗仏教の善行）、行福（大乗仏教の善行）の三福、すなわち、一には慈心にして殺さず（世福）、もろもろの戒行を修めること（戒福）、二には大乗の経典を読誦すること（行福）、三には六念、すなわち、仏、法、僧、戒、施、天に対する憶念を相続して（戒福・行福）、浄土を願生すること一日から七日ならば、臨終に阿弥陀仏、観音菩薩、勢至菩薩らの来迎見仏をえて浄土に往生し、無生法忍の「さとり」をうることができるといいます。すなわち、三心の往生と三福の往生を説いているわけです。

この経文については、慧遠は、すでに上においてもふれたように、この三心の往生を修心往生とも名づけております。そして善導は、この三心とは、散善の三観、九品の往生においては、その行道の前提としての必須要件となるものであり、またさらには、広く定善の十三観の行道にも通摂するものであると主張しております。この散善の道、上品上生の行道において説かれる三心が、定善十三観の行道にも通じるとは、いささか強引な解釈といわざるをえませんが、善導の行道思想はまったく独自なものであって、それは「安心、起行、作業」(『往生礼讃』真聖全一、六四八頁)といわれるもので、安心としてのこの『観無量寿経』の三心を前提条件として、それにもとづくところの起行としての五正行(五念門行)を修習し、それについてさらに作業としての四修を策励するところに、よく浄土往生の行道が成立、成就するものであったわけです。その意味において、善導における浄土の行道においては、いかなる行業においても、この三心は、その前提の安心として、その行業成立の基底をなすところの心的条件、必須なる要心と理解されていたわけでありましょう。

そしてまた、次の三福、三種の行業については、慧遠は、それを修業往生の行道として捉えますが、善導によりますと、この三福の行業は、その序分、発起序の散善顕行縁に説くところの三福に対応するといい、その「序分義」において、

機縁いまだ具せず、ひとえに定門を説くべからず、仏さらに機を観じて自ら三福の行を開きたもうことを明かす。

まさしく三福の行を勧修することを明かす。これは一切衆生の機に二種あることを明

かす。一には定、二には散なり。

ここをもって如来方便して、三福を顕開してもって散動の根機に応じたまえり。（真聖全一、四八九頁）

などと明かすように、定善十三観の行道は、韋提希夫人の請求によって教説されたものですが、この散善三観、三福の行道は、釈迦仏の意趣によって、散動の根機、低級なる凡夫のために、あえて開示された行道であるというのです。そしてこのような善根を修めれば、臨終の時に、阿弥陀仏が観音菩薩、勢至菩薩らとともに来迎し、それを見仏して往生すると説かれております。

なおここで、三心にもとづく往生については「即便往生」と明かし、その三福にもとづく往生については「即得往生」といいますが、この相違についてはいかに理解すべきでしょうか。それについて証空の西山教学においては、その即便往生とは現生における往生を意味するといいます。しかし親鸞は、その『愚禿鈔』（真聖全二、四七八頁）によると、それを「即往生」と「便往生」に区分して、即往生とは、難思議往生としての報土往生を意味し、便往生とは、双樹林下往生、難思往生としての、化土往生を意味すると明かしております。またその三福による即得往生とは、その三福の行については、「浄土の雑行と名づく、これを浄土の方便仮門と名づく、また浄土の要門と名づくるなり」（『愚禿鈔』真聖全

二、四七三頁）と明かすところであって、ここでいう即得往生とは、上に見た「便往生」（化土往生）に属するものでありました。

なおまた、この上品上生の者は、浄土に往生すれば無生法忍をうるといいますが、この無生法忍とは、一切の存在は、もともと空にして縁起せるものであり、生滅変化を超えているという道理について信知、信認することをいい、一般には初地、不退転地の利益を意味しますが、その経末の得益分では、韋提希夫人は、

廓然として大悟し無生忍をえたり。（真聖全一、六五頁）

と説くところで、ここではそれを現生における利益として語られております。なお次の上品中生の行道においては、浄土に往生したのち、もろもろの三昧を修めて一小劫ののち、よく無生忍をひらくといいますから、この『観無量寿経』では、韋提希夫人の得益を、きわめて高く評価していることが知られてきます。

第二上品中生

次の第二の上品中生の者とは、大乗仏教に値遇したところの次善の凡夫であって、大乗経典の義趣をよく領解し、最高の真理をよく学習し、深く因果の道理を信じる功徳をもって、浄土に往生したいと願うならば、臨終に来迎見仏して往生をうると説きます。

第三上品下生

次の第三の上品下生の者は、大乗仏教に値遇したところの下善の凡夫であって、深く因果の道理を信じて、自利利他なる無上道を求める心をおこし、その功徳をもって浄土に往生したいと願うならば、臨終に来迎見仏して往生をうると説きます。以上の三種の往生の想を観ずることを上輩生想と名づけ、またそれを第十四の観想といいます。

第四中品上生

そして次の第四の中品上生の者とは、小乗仏教に値遇したところの上善の凡夫であって、在家の信者のための五戒（不殺生、不偸盗、不邪婬、不妄語、不飲酒）、ないし八戒（五戒のほかに、不臥高広床戒、不花鬘瓔珞戒、不歌無戯楽戒の三戒を加えたもの）の戒律を守り、五逆の罪を犯すことがなくて、浄土に往生したいと願うならば、臨終に来迎見仏をえて往生をうるといいます。

第五中品中生

そして次の第五の中品中生の者は、小乗仏教に値遇したところの下善の凡夫であって、在家の信者のための八戒を一日一夜守り、または沙弥《しゃみ》戒《かい》（十戒のことで八戒のほかに不非時食戒、不蓄金銀宝戒を加えたもの）を一日一夜守り、または出家者のための具足戒（比丘二百五十戒・比丘尼五百戒）を一日一夜守るならば、臨終に来迎見仏をえて浄土に往生をうるといいます。

第六中品下生

そして次の第六の中品下生の者とは、世善の上福を修める凡夫であって、父母に孝養をつくし、世間の人々に対して慈悲の心を抱いて生きながら、浄土に往生したいと願うならば、ひとしく浄土に往生をうるといいます。ここでは臨終に来迎見仏を語りませんが、臨終に善知識の教導について説きますので、同じく来迎見仏の利益を含んでいるものと考えられます。以上の三種の往生の想を観ずることを中輩生想と名づけ、またそれを第十五の観想といいます。

第七下品上生

そして次の第七の下品上生以下の者とは、上に見た人々のように、大乗仏教の善根（行福）、小乗仏教の善根（戒福）、世間の善根（世福）のいずれにも因縁をもつことがなく、もっぱらその生涯を通じて、悪業を犯すことのみ多かった人々のことをいい、いまの下品上生の者は、さまざまな悪業を犯して、慚愧することのないような十悪軽罪の悪人のことで、そのような人でも、その臨終に善知識に値遇して、南無阿弥陀仏と称名念仏するならば、五十億劫をかけても償うべき罪業を除滅し、来迎見仏をえて浄土に往生をうると説きます。

第八下品中生

そして第八の下品中生の者とは、五戒、八戒、具足戒を犯し、寺院や教団に属するものや、僧侶に供養されたものを盗み、また自己の欲望に根ざした不浄の説法をして、慚愧することのない破戒次罪の悪人のことで、このような人でも、臨終に善知識に値遇して阿弥陀仏の威徳にふれるならば、八十億劫もかけて償うべき罪業を除滅し、来迎見仏をえて浄土に往生をうると説きます。この下品中生の者の中で、「不浄説法して慚愧あることなく、もろもろの悪業をもって自らを荘厳する」（真聖全一、六四頁）ものとある経説は、われら僧侶たるもの、よくよく味解すべき教誡でありましょう。

第九下品下生

そして最後の第九の下品下生の者とは、五逆罪と十悪罪を犯したところの、もっとも悪業深重なる悪人のことで、このような人でも、臨終に善知識に値遇して、十念を具足して南無阿弥陀仏と称名念仏するならば、八十億劫をかけて償うべき罪業を除滅し、来迎見仏をえて浄土に往生をうると説いております。以上の三種の往生の想について観ずることを下輩生想と名づけ、またそれを第十六の観想といいます。

以上の三輩九品の往生については、そのいずれの行道においても、阿弥陀仏の来迎とそれによる見仏によってこそ、浄土に往生をうると明かしているところで、この散善の道もまた、基本的には見仏の道を教示しているわけです。この点については明確に承認されるべきところでありましょう。

ところで、ここで問題となるのは、この下品下生の文において、五逆罪と十悪罪を犯したものが往生できるという思想です。〈後期無量寿経〉の『無量寿経』『如来会』の第十八願文（『サンスクリット本』第十九願文）では、五逆罪と謗法罪を犯したものは、排除して摂取しないと説くところで、両経の教説に相違、矛盾が見られるわけですが、この問題についてはいかに理解すべきでしょうか。

このことをめぐっては、すでに古く中国の曇鸞（四七六～五四二ごろ）が、その『往生論註』の八番問答（真聖全一、三〇八頁以下）において注目し、本願文において、五逆罪を犯すものが往生できないというのは、「二種の重罪」、五逆罪と謗法罪とを複合して犯すからであるといい、また曇鸞は、「この愚痴の人すでに誹謗を生ず、いづくんぞ仏土に生ぜんと願ずるの理あらんや」（真聖全一、三〇九頁）といって、謗法の者が浄土を願生する道理はないところ、その者が浄土に往生することはありえないといいます。そして五逆、十悪の業繋がいかに重くとも、十念念仏の業力がより重いところ、「業道は称《はかり》の如し、重きものまず牽く」（真聖全一、三〇九頁）と明かして、この十念仏においてこそ、まさしく浄土に往生できるといいます。かくして『観無量寿経』に、五逆、十悪の造罪の者が往生できるというのは、当然のことであるというわけです。

　そしてまた、善導もその「散善義」（真聖全一、五五四頁以下）においてこの問題を取りあげ、第十八願文において、五逆罪と謗法罪を犯したものは往生ができないというのは、抑《おく》止《し》、制止の意味をもって語られたもので、もしもこのような重罪を犯すならば、無間地獄に堕して永劫の苦悩を受けねばならぬところ、阿弥陀仏が憐愍して、この重罪を犯さないようにと抑止、制御されたのであるといいます。そしてもしも、すでにそのような重罪を犯してしまった者については、「もし造らばかえって摂して生をえしめん」というわけで、阿弥陀仏の本願は、そのような重罪を犯した者でも、すべて摂取して浄土に往生せしめると明かします。その『法事讃』に「謗法闡提《せんだい》、廻心すればみな往く」（真聖全一、五六七頁）と明かすところであります。ところで吉蔵は、この問題について、その『観無量寿経義

疏』において、

> 下品が大果をうるゆえんは、彼の現在善を修せずといえども、過去にあるいは発心を経ていま大乗を聞く、また発心をうるにひとしきなり。（大正三七、二四五頁）

と語って、この下品の人々が浄土に往生をうるというのは、その過去世において、発心し修善したことによると述べております。注目すべき解釈です。

そして親鸞は、この問題をめぐっていかに領解しているかということですが、親鸞は、その『尊号真像銘文』において、

> 唯除五逆誹謗正法といふは、唯除といふはただのぞくといふことば也。五逆のつみびとをきらい、誹謗のおもきとがをしらせむと也。このふたつのつみのおもきことをしめして、十方一切の衆生みなもれず往生すべしとしらせむとなり。（真聖全二、五七八頁）

と明かしております。この本願の文は、五逆罪と謗法罪の罪業の深重さを教誡しながらも、十方一切の衆生は、一人のこらず救済されて浄土に往生をうることを説いたものであるというわけです。

親鸞はまた、その「信文類」において、

> ここをもって、いま大聖の言説によるに、難化の三機、難治の三病（一、謗大乗、二、

五逆罪、三、一闡提）は、大悲の弘誓をたのみ、利他の信海に帰すれば、これを矜哀して治す、これを憐愍して療したもう。たとえば醍醐《だいご》の妙薬の一切の病を療するがごとし。濁世の庶類、穢悪の群生、金剛不壊の真心を求念すべし、本願醍醐の妙薬を執持すべきなりと。知るべし。（真聖全二、九七頁）

と明かして、もっとも済度しがたい謗法罪と五逆罪を犯すもの、または一闡提（無仏性のもの）であっても、阿弥陀仏の弘誓をたのみ、真実の信心を開発するならば、まさしく救済されて成仏できると語っているところです。

そこでこの下品下生の文においては、

この人、苦にせまられて、仏を念ずる遑《いとま》あらず。善友告げていう。汝もしよく念ずることあたわざれば、まさに無量寿仏と称うべしと。かくのごとく、心を至して声をして絶えざらしめて、十念を具足して南無阿弥陀仏を称せしむ。仏の名を称するがゆえに、念念の中において八十億劫の生死の罪をのぞく。（真聖全一、六五頁）

と説いて、「十念を具足して南無阿弥陀仏を称す」るならば、滅罪して来迎見仏をえ、浄土に往生するといいます。ここでは称名の思想がきわめて明確に語られ、その称名の相続の功徳によって、よく滅罪、見仏、往生をうることができると明かされております。このような称名往生の教示は、その下品上生の文にも見られるところであって、そこでは「智者はまた、合掌叉手して南無阿弥陀仏を称えよと教う。仏の名を称するがゆえに、五十億劫の生死の罪を除く」（真聖全一、六四頁）と明かされます。このように称名による往生を語ることは、〈無量寿経〉および〈阿弥陀経〉には見られないところであって、浄土三部経においては、ただこの教説のみで語られるところであります。その点、この下品上生と下生の経文においては称名念仏を語りますが、この称名思想が、いかなる背景をもってここで説かれることとなったのか、改めて考察されるべき問題でありましょう。しかもここでは、その称名相続の前提として、「十念を具足して」といいますが、この「十念」とは何を意味するものでしょうか。その前文において「仏を念ずる遑あらず」といい、また「よく念ずることあたわざれば」という念仏とは、観仏の行を指すものと考えられます。しかしながら、次の念とは、「心を至して声をして絶えざらしめて」というところからすると、それは一向専心に称名を相続することにおいて、「十念」という心的事態が成立してくるものと理解されましょう。

とすれば、その「十念」とは、より具体的にはいかなる内実をもつものでありましょうか。この「十念」という語は、〈後期無量寿経〉に見られるもので、『無量寿経』と『如来会』の第十八願文には、いずれも「我が国に生れんと欲いて乃至十念せん」（『無量寿経』）、「我が国に生れんと願じて乃至十念せん」（『如来会』）とあり、またその三輩往生の下輩の文にも、「一向に意を専らにして乃至十念し」(『無量寿経』)、「清浄の心をもって無量寿如来に向いて乃至十念し」(『如来会』)とあります。いまの『観無量寿経』の「十念」なる語は、これらの十念を継承して語られたものとも考えられます。ただし、〈後期無量寿経〉における第十八願文(『サンスクリット本』では第十九願文)の「十念」の語の意味内容については、すでに上の〈無量寿経〉の考察においても言及したように、究極的な出世体験としての真実信心の開発にもとづくところの、その相続態を意味しているわけでありますす。しかしながら、いまのこの『観無量寿経』の十念には、それほどの深い内容をもったものとは考えられず、たんなる阿弥陀仏に対する憶念、浄土に対する願生の思念を意味するものと思われます。

かくしてここでいうところの、十念を具足して南無阿弥陀仏と称すとは、阿弥陀仏とその浄土に対する、一向専心なる思念にもとづいて称名を相続することをいうわけで、それにおいて臨終に滅罪し、来迎見仏をえて浄土に往生をうる、ということを明かしたものでありましょう。その点、ここでもまた、その称名とは、来迎見仏を目的とする三昧成就をめざす方途、その手段でしかないことは、明確に承認されるべきことでありましょう。

その点、この『観無量寿経』とは、まさしくその経典の名称が物語るように、その行道とは、定善、散善の十六観のすべてを含めて、現世平生における観仏か、臨終における来迎見仏の別はあるとしても、そのすべてが観仏、見仏をめざすものであって、その下品における称名の教説もまた、ひとえに臨終における来迎見仏を目的とするものであったわけです。

かくして、善導の『観無量寿経』に対する理解は、

> 上来定散両門の益を説くといえども、仏の本願の意に望まんには、衆生をして一向に専ら弥陀仏名を称するにあり。（「散善義」真聖全一、五五八頁）

ということであって、それはひとえに称名行を教説するものと理解しますが、その称名とは、あくまでも三昧、見仏のための行業にほかならなかったわけであります。善導が、その「玄義分」において、

> いまこの「観経」は、すなわち観仏三昧をもって宗となす。また念仏三昧をもって宗となす。一心に廻願して浄土に往生するを体となす。（真聖全一、四四六頁）

と明かすところです。善導における浄土の行道とは、その観想行であろうと、称名行であろうとも、ひとえに三昧見仏、来迎見仏を発得することをめざす行道であったわけで、それはまた、『観無量寿経』の教説、その定善、散善の十六観の全体を貫くところの思想でもあったわけであります。

3　得益分

次の経末における得益分の文は、

この語を説きたまう時、韋提希、五百の侍女とともに、仏の所説を聞き、時に応じて、すなわち極楽世界の広長の相を見たてまつる。仏身および二菩薩を見たてまつることをえて、心に歓喜を生じ未曾有なりと歎じ、廓然として大悟して無生忍をえたり。（真聖全一、六五頁）

と明かすものであって、韋提希夫人は、この釈迦仏の教導によって、ついには無生忍なる「さとり」をひらいたというわけです。

ただし、韋提希夫人が無生忍の「さとり」をえた時機については、すでに上においてもふれたように、この『観無量寿経』の所説によりますと、上の第七華座観のところで、「無量寿仏空中に住立したもう。（中略）韋提希無量寿仏を見たてまつる」という文と、発起序の欣浄縁のところで、「我に教えて清浄の業処を観ぜしめたまへ」という願いに応じて、「韋提希をして見せしめたもう」と明かされる文によって、それぞれ無生忍をえたと解釈されるわけで、この経末における得益分の文は、上の二文をうけて、それを再説したものと考えられます。そこで問題は、韋提希夫人が得忍したのは、発起序の欣浄縁のところか、第七華座観のところか、ということになりますが、すでに上の第七華座観のところでも述べたように、経文を忠実に読むならば、第七の華座観のところで得忍したものと理解すべきでありましょう。事実、慧遠も善導も、ともにこの第七華座観のところで、無生忍の「さとり」をえたと理解し、この経末の得益分は、それを改めて再説したものであると明かしております。

ところで、ここでいうところの無生忍とは、いかなる意味内容をもつものであるかについては、すでに上においてもふれたように、無生忍とは無生法忍ともいい、それは大乗仏教独自の概念であって、あらゆる存在は因縁生起したもので、生滅変化を超えて不生不滅であるという道理について、深く認知し、「さとる」ことをいうわけで、この『観無量寿経』によれば、その序分の定善示観縁においては、「彼の国土の極妙の楽事を見れば、心歓喜するがゆえに、時に応じて、すなわち無生忍をえん」（真聖全一、五一頁）と明かして、観仏にもとづくところの現生、現身における利益と明かしております。しかしながら、またその上品上生の文によりますと、「彼の国に生じおわりて、仏の色身の衆相具足せることを見たてまつり、（中略）聞きおわりてすなわち無生法忍をさとる」（真聖全一、六一頁）と説いて、浄土に往生したのちに身にうる利益であるとも明かしております。この経典における教説の混乱が指摘されるところですが、一般には、現生における初地、不退転地において開覚されるものといわれております。

4　流通分

次いで経末の流通分について明かします。流通分とは、すでに上にも述べたように、釈迦仏が、その経典の意趣を後世に伝承、流伝せしめるために、その教説の結語として、特定の仏弟子に対して付属、委託する文章をいいます。

ここでは釈迦仏が、仏弟子の阿難が、この教法の肝要、その名称について質問したのに答えて、この経典は、「観極楽国土無量寿仏観世音菩薩大勢至菩薩（経）」と名づけ、または「浄除業障生諸仏前（経）」と名づくべきであるといわれたといい、さらにまた釈迦仏が、この『観無量寿経』において教示したところの観仏三昧を行ずるものは、この現身、今生において、阿弥陀仏と観音菩薩と勢至菩薩を拝見して、浄土に往生することができるといい、さらにはまた、「もし善男子善女人、ただ仏の名と二菩薩の名を聞くだにも、無量劫の生死の罪を除く」（真聖全一、六六頁）と明かして、もしも善男子善女人にして、阿弥陀仏と観音菩薩と勢至菩薩の名号を聞くだけでも、無量劫の生死の罪を滅除して浄土に往生できると明かしております。すなわち、ここでは浄土の行道において、観仏の道と聞名の道を対比しているわけです。かくしてまたその文に続いて、「いかにいわんや憶念せんをや」といいますが、ここでいう憶念とは何を意味するものか。この『観無量寿経』では、憶念の語の用例はこの一か所のみですが、憶想という語が二か所ほど見られ、それはいずれも心眼による観想を意味すると思われますので、ここでいう憶念もまた、観念、観仏を意味すると理解すべきでありましょう。とすると、ここでいうところの「いかにいわんや」(「何況」)、ましてという反語は、上の聞名に対応するもので、観仏の道と聞名の道との対比において、観仏の道が最上であって、観仏三昧を行ずるもの、すなわち念仏者は、人中の分陀利華《ふんだりけ》として最勝の人というべきであると主張しているわけであります。

ともあれ、ここで観仏の道に対応して、いささかながらも、聞名の道が教説されていることは重要であり、注目されるべきところでありましょう。なおこのことについては、のちの『観無量寿経』における行道思想のところで、改めて考察することといたします。

そしてまた、ここではさらに、

汝よくこの語をたもて、この語をたもてというは、すなわち、これ無量寿仏の名をたもてとなり。(真聖全一、六六頁)

と明かします。伝統教学の中には、この文にもとづいて、名号正定業を語ったり、念仏往生を主張するものがおりますが、まったくの誤解であります。これは上の経説の下品下生の文をうけて、いかなる五逆、十悪の悪人でも、もっぱら称名念仏をするならば、その功用、功徳によって、臨終に来迎見仏をえて、浄土に往生することができるということを再説したわけであって、ひとえにこの阿弥陀仏の名号をこそ、奉持せよと教示したものであります。その点、この文はその本義からいうならば、それは観仏の道について説いたものであって、真宗における真実本願の行道について明かしたものではありません。真宗の教義からすれば、第二十願なる、自力念仏について教説したものにほかなりません。親鸞が、この文を「化身土文類」の方便なる真門の行道を語るところに（真聖全二、一五九頁）、引用しているゆえんでもあります。このことからしても、この文が、方便、真門の自力念仏をめぐって明かしたものであることは明瞭であります。

以上をもって流通分の文が終ります。

5　耆闍分

そして最後に、耆闍分と分科される文がおかれております。この耆闍分とは、この『観無量寿経』の序分の中で、あえて化前序という一段が分科されて、この『観無量寿経』が教説される以前に、釈迦仏が、王舎城の耆闍崛山上において、三万二千人の菩薩と千二百五十人の大比丘衆とともにましましたという部分に対応するもので、その時に、王舎城内において、頻婆娑羅王と韋提希夫人と阿闍世太子による家庭内紛争が惹起して、韋提希夫人がその救済を求めて、釈迦仏に懇願したことにより、釈迦仏が急遽この王舎城に行化して、その韋提希夫人のために教説されたものが、この『観無量寿経』の内容であります。そこでその教説が終ったあと、耆闍崛山で待っていたところの、その菩薩衆と大比丘衆に対して、阿難が、その王舎城内における釈迦仏の教説を再説したということを説明したものが、この耆闍分といわれる科段の文意であります。

以上が『観無量寿経』の経説の概略であります。

二　『観無量寿経』における阿弥陀仏と浄土

1　阿弥陀仏

阿弥陀仏の思想とは、すでにいろいろと考察したように、釈迦仏滅後およそ四、五百年ごろ、釈迦仏の遺骨を祀った仏塔を中核とした、在家信者中心の仏塔崇拝教団の中から、釈迦仏の「さとり」、その「いのち」を象徴表現して、そこに光明無量（空間的無限性）、寿命無量（時間的無限性）なる、新しい仏としての阿弥陀仏を説くこととなったといわれ、ここに阿弥陀仏思想の起源があるわけです。

そしてその阿弥陀仏をめぐる象徴表現としては、姿形としては、形像、仏身（仏像）として捉えられ、また言語としては、名前、仏名（名号）として語られることとなりました。そしてその必然として、阿弥陀仏を姿形、仏身（仏像）として捉える立場からは、その阿弥陀仏を体験する方法としては、見仏（観仏）の道が説かれ、またその阿弥陀仏を名前、仏名（名号）として捉える立場からは、それを体験する方法としては、聞名（称名）の道が説かれることとなりました。そしてそのような見仏の道について説いたものが『観無量寿経』であり、その聞名の道について明かしたものが〈無量寿経〉、〈阿弥陀経〉であります。

ところで、この仏身の思想をめぐっては、釈迦仏の滅後において、その教法を不滅の仏身として「法身《ほっしん》」と呼び、それに対して、現実の釈迦仏の肉体を「生身《しょうしん》」（色身・父母生身）と呼びました。いわゆる二身思想です。そしてそのような仏身思想は、大乗仏教になるとさらに展開して、四世紀ごろには、永遠にして不滅なる教法、真理そのものを「法身」といい、釈迦仏を、その法身がこの世俗の人々のために応現したものとして「応身《おうじん》」（化身）と呼びました。そしてさらに、そのような法身と応身の中間的存在として、この世俗を超えた超越的世界において、因行を修めることにより、その果報として成立したところの仏身として、「報身《ほうじん》」を語ることとなりました。いわゆる三身思想であります。いまここで語られるところの阿弥陀仏とは、そのような報身に相当するものであります。

ところで、この『観無量寿経』において語られるところの阿弥陀仏とは、その三身思想の中のいずれに相当するかということですが、慧遠の『観無量寿経義疏』によりますと、仏身には「真身」と「応身」との二身があるといいます。そしてその真身とは、

我れ如来を観ずるに、前際は来らず後際は去らず、いますなわち住せず。かくのごときらなり。要にしてこれを論ぜば、妙にして衆相を絶して円かにして諸義を備え、妙にして衆相を絶して、乃至一相として得るべきもの有ることとなし。円かに諸義を備え、乃至一徳として具せざること有ることとなし。衆徳を具すといえども、同体義分なお虚空無礙にして不動、彼此の差別の相あることとなし。（大正三七、一七三頁）

と明かすように、真身とは、過去、現在、未来の三世を貫徹し、あらゆる形相を超越して、法界に遍在するものであるといいます。そしてまた応身とは、

仏の形相をとるに、想をかけ思察するを応身観と名づく。この仏は応身にして化に随いて形を現ず。形相の別は彼此にして一種をえず。（大正三七、一七三頁）

と明かすように、応身とは、衆生を教化するために種々の形相を化現するもので、その形相についてはさまざまに分かれて一様ではないといいます。そしてこの『観無量寿経』で説くところの阿弥陀仏とは、その中の応身であるというわけです。

そしてまた、吉蔵の『観無量寿経義疏』によりますと、仏身には、「実相法身」と「修成法身」と「化身」の三種があるといいます。そしてその実相法身とは、

体は二相なく、これ不二の正観なり。いわゆる平等境智の義のゆえに。この経にこれ法界身にして一切衆生の心想中に入ると云うところなり。（大正三七、二三四頁）

と明かすように、平等境智なる仏の「さとり」を意味して、この『観無量寿経』に法界身と説くところを意味するといいます。そして修成法身とは、

成仏を観修し妙行を研修し、行満じて妙覚の報仏を剋成するゆえに。この経に是心作仏と言うところなり。（大正三七、二三四頁）

と明かすように、願を建立し行を修習して仏の「さとり」をひらくところの、報身を意味するといいます。そして化身とは、

西方の浄土の仏を観ずるなり。これはこれ昔自在王仏の時、法蔵菩薩四十八願を発してこの浄土を造り、仏はその中に生まれて衆生を化度したまう。この仏を観ずるゆえに化仏身を観ずと名づく。（大正三七、二三四頁）

と明かすように、西方浄土の阿弥陀仏のことであるといいます。以上、慧遠、吉蔵らは、いずれもその阿弥陀仏とは化身であり、その浄土もまた化土であると主張いたします。

それに対して、善導は、その「玄義分」において、この阿弥陀仏とは化身ではなくて報

身であり、その浄土とは化土ではなくて報土であると主張します。すなわち、

『大乗同性経』に説くがごとし。西方の安楽の阿弥陀仏はこれ報仏報土となりと（大正一六、六五一頁取意）。また『無量寿経』にいわく。法蔵比丘、世饒王仏の所にましまして菩薩の道を行じたまいし時、四十八願を発して、（中略）いますでに成仏したまえり。すなわちこれ酬因の身なり。また『観経』の中に、上輩三人命終の時に臨みて、みな阿弥陀仏および化身とともにこの人を来迎すといえり。しかるに報身化をかねてともに来りて手を授ずく。ゆえに名づけてともにとなす。この文証をもってのゆえに知んぬ、これ報なり。（真聖全一、四五七～四五八頁）

と明かします。ここでは阿弥陀仏が化身ではなくて報身であることを、『大乗同性経』の取意の文と、『無量寿経』の、法蔵菩薩の発願修行に酬報して阿弥陀仏が成仏したという文と、『観無量寿経』の上輩者が臨終に来迎をうるについて、阿弥陀仏が化仏とともに来るという文の、三文を証拠として論証し、そのあとにさらに問答を加えて、そのことを主張しております。その点、善導の主張はまことに明快であって、阿弥陀仏とは、慧遠や吉蔵がいうような化身ではなくて、まさしく報身であることは明らかでありましょう。

2　浄土

善導は、阿弥陀仏の浄土を、阿弥陀仏に対応して報土と捉えるわけですが、それについて「指方立相《しほうりっそう》」ということを主張いたします。すなわち、浄土の経典によれば、阿弥陀仏とその浄土とは、現に西方に存在するといいます。そして経典は、多くの文言をついやしてその荘厳を細かに描写し、思念を尽くしてその功徳を讃美しております。そのことについて善導は、

いま此の観門は等しくただ方を指し相を立て、心を住して境を取る。総て無相離念を明かさざるなり。如来懸かに末代の罪濁の凡夫を知ろしめす。相を立て心を住すとも、なお得ること能わず。いかにいわんや。相を離れて事を求めんは、術通の無き人の空に居て舎を立てんが如きなり。（「定善義」真聖全一、五一九頁）

と明かします。このような方処を指し相状を立てて明かすという、指方立相なる西方浄土の教説については、阿弥陀仏と浄土とは、その本質においては究竟の真実として、この世俗における一切の分別、形相を超えているものですが、罪濁虚妄の中に生きている私たち凡夫にとっては、かかる無相離念の世界はまったく無縁であるというほかはありません。そこで阿弥陀仏は、われら凡夫の機根に応じて、方処を選び、相状を示して、仏身を現じ

浄土を荘厳したというのです。すなわち、経典に説くところの、このような西方浄土の荘厳相は、ひとえに阿弥陀仏の衆生に対する大悲方便の相として、示現したものにほかならないというわけです。

しかしながら、このような理解、解釈は、さらに今日的な宗教学的視点からいえば、在家者にして罪濁深いわれら凡夫を立場とする浄土教において、その願うべき究竟的な真実を、凡夫に相応し、世俗に相待しつつ明かしたところの、象徴的な表現であるとも捉えうるでありましょう。ともあれ、善導浄土教においては、阿弥陀仏とその浄土とは、本質的には、形相を超えた無為法性なる出世的真実そのものにほかならないとしても、より具体的には、経典が詳細に開説するような、有相的な荘厳相をもった存在として理解されていたわけであります。指方立相ということの意味がここにあるわけであります。

三　『観無量寿経』における人間理解

1　韋提希夫人の地位

すでに上において見たように、〈無量寿経〉の教説の主題は、ひとえに悪人成仏の道を明らかにすることでありましたが、この『観無量寿経』は、それにかかわって、いかなる立場に立脚するものでありましょうか。この『観無量寿経』では、韋提希夫人が、釈迦仏に導かれて苦悩から救われ、無生法忍という「さとり」（初地）の地位をうるということを明かすものですが、そこでは、釈迦仏は、その韋提希夫人に向かって、

> 仏、韋提希に告げたまわく、汝はこれ凡夫なり、心想羸劣《しんそうるいれつ》にしていまだ天眼をえざれば、遠く観ずることあたわず。諸仏如来に異の方便ましまして汝をして見ることをえしむ。（真聖全一、五一頁）

と明かしています。釈迦仏は、韋提希夫人は世俗に沈淪する凡夫であって、その心はまことに浅薄であるが、いまは異の方便、特異なる「仏力」（『観無量寿経』真聖全一、五四頁）、如来の働きかけによって、阿弥陀仏とその浄土の相状を見せしめるであろうというわけです。その意味においては、この『観無量寿経』もまた、世俗の生活に埋没して、心相の薄弱なる凡夫のための、仏道を開顕したものであるというべきでありましょう。

しかしながら、慧遠の『観無量寿経義疏』によりますと、「韋提夫人は実は大菩薩なり」（大正三七、一七九頁）といいます。それはこの世俗に化現したところで、心想羸劣などといわれ、浄土を見る能力にたえないといいますが、まことには大菩薩であるというわけです。このことは定善、観仏という高度な行業を行じることにより、「廓然として大悟し無生忍

をえたり」（真聖全一、六五頁）と説かれているところより、そのように理解したわけでありましょう。なお道綽もまた、この韋提希夫人を「大士」（『安楽集』真聖全一、三七九頁）と呼んでおりますので、もとは菩薩であると理解していたわけでしょう。

それに対して、善導は、その「序分義」に、

正しく夫人はこれ凡にして聖に非ず。聖に非ざるによるがゆえに、仰いで惟みれば、聖力冥《ひそ》かに加して、彼の国はるかなりといえども、観ることをえしむることを明かす。

（真聖全一、四九五頁）

と説き、またその『般舟讃』にも、

韋提はすなわちこれ女人の相、貪瞋具足の凡夫の位なり。娑婆を厭捨して仏国を求むれば、すなわち極楽荘厳の界現ず。極楽を見ることをえて心歓喜し、さらに弥陀を見て法忍を成ず。（真聖全一、七二六頁）

と語るように、韋提希夫人とは、まったく世俗に沈淪する凡夫であって、いまは阿弥陀仏の仏力の働きかけによってこそ、よく定善なる行業を修めえて、仏と浄土とを観見することができ、まさしく無生法忍の「さとり」をひらくことができたというわけです。このことについては、すでに上においてふれたように、『観無量寿経』自身が、韋提希夫人をして「汝はこれ凡夫なり、心想羸劣」と語るところからすれば、やはり韋提希夫人とは、た

んなる一人の世俗の凡夫と見るべきでありましょう。
ただし、親鸞は、その『教行証文類』の「総序」において、

釈迦韋提をして安養を選ばしめたまへり。これすなわち権化の仁、ひとしく苦悩の群萌を救済し、世雄の悲、まさしく逆謗闡提を恵まんとおぼす。（真聖全二、一頁）

と明かし、またその『浄土和讃』には、

恩徳広大釈迦如来　韋提夫人に勅してぞ
光台現国のそのなかに　安楽世界をえらばしむ（真聖全二、四九四頁）
釈迦韋提方便して　浄土の機縁熟すれば
雨行大臣証として　闍王逆悪興ぜしむ（真聖全二、四九五頁）

と説くように、この王舎城の事件、その悲劇をめぐる人々は、韋提希夫人をはじめとして、そのすべてが阿弥陀仏と釈迦仏の悲願にもとづいて、浄土から出現したところの、権化の人にほかならないと味解しております。親鸞における、経典に対する透徹した視座が、尊く味わわれるところであります。

2　三輩九品の思想

次にいまひとつ、『観無量寿経』における人間理解について、その三輩九品の人間性を

めぐって、いかに捉えるかが問題となります。

それについては、すでに上において見たように、慧遠は、その九品の人間性については、次のように捉えます。

- 上品
  - 上生――大乗の第四地、第五地、第六地の菩薩。
  - 中生――大乗の初地、第二地、第三地の菩薩。
  - 下生――大乗の三賢（十住、十行、十廻向）の人。
- 中品
  - 上生――小乗の預流果、一来果、不還果の人。
  - 中生――小乗の預流果以前の内外の凡夫。
  - 下生――小乗の預流果以前の世俗の凡夫。
- 下品
  - 上生・中生・下生――大乗始学の人で罪業の軽重で分別する。

そしてまた吉蔵は、次のように捉えます。

- 上品
  - 上生——大乗の第七地の菩薩。
  - 中生——大乗の第七地以前、第二地までの菩薩。
  - 下生——大乗の初地の菩薩。
- 中品
  - 上生——小乗の阿羅漢の人。
  - 中生——小乗の預流果の人。
  - 下生——小乗の預流果以前の人。
- 下品
  - 上生——大乗を学ぶ不善作悪の人（十悪の人）。
  - 中生——大乗を学ぶ不善作悪の人（四重禁の人）。
  - 下生——大乗を学ぶ不善作悪の人（五逆の人）。

と捉えます。

このように慧遠、吉蔵が、その九品、ことにはその上品と中品の人々の地位をきわめて高く捉えたのは、それらが浄土に往生すると「すなわち無生法忍をさとる」（『観無量寿経』真聖全一、六一頁）などといいます。この無生法忍とは、一般には初地を意味するところですが、またその菩薩の十地の階位の中の第七地、第八地、第九地の「さとり」を意味する場合がありますので、いまはそのような視座から理解して語ったものと思われます。

そこで善導はいかに理解したかということですが、その「玄義分」（真聖全一、四五〇～四五三頁）および「散善義」（真聖全一、五三二～五五四頁）によりますと、次のように捉えております。

- 上品
  - 上生――大乗上善の凡夫人。
  - 中生――大乗次善の凡夫人。
  - 下生――大乗下善の凡夫人。
- 中品
  - 上生――小乗上善の凡夫人。
  - 中生――小乗下善の凡夫人。
  - 下生――世善上福の凡夫人。
- 下品
  - 上生――造十悪軽罪の凡夫人。
  - 中生――破戒次罪の凡夫人。
  - 下生――造五逆等重罪の凡夫人。

その上、中、下品のいずれもすべて凡夫を意味すると理解いたします。かくして善導は、この『観無量寿経』とは、世俗に沈淪して苦悩する韋提希夫人をはじめとする、一切の凡夫のためにこそ、開説された経典であると領解しているところです。

四　『観無量寿経』における行道思想

1　観仏往生の道

すでに上において見たように、この『観無量寿経』の行道とは、まさしく観仏の道でありました。すなわち、その息慮凝心なる定善の道は、明らかに観仏の道を教示したものですが、また廃悪修善なる散善、念仏の道においても、そこでは臨終における来迎見仏を説くところであって、これもまた観仏、見仏の道を説いたものにほかなりません。『観無量寿経』では、第八像観において、また第九真身観において、「念仏三昧」ということを語りますが、それは三昧（samādhi）としての見仏を意味するわけで、善導が、その「玄義分」において、この『観無量寿経』の宗要を明かすのに、

いまこの『観経』は、すなわち観仏三昧をもって宗となす。また念仏三昧をもって宗となす。（真聖全一、四四六頁）

と主張するところであります。善導においては、観仏も念仏もともに、

この三昧を行ずるものは、現身に無量寿仏および二大士を見たてまつることをうる。
（『観無量寿経』真聖全一、六六頁）

ということであったわけです。

そしてその観仏とは、浄土の荘厳を観ずる依報観と、浄土の主体としての阿弥陀仏などを観ずる正報観が説かれますが、その中心は阿弥陀仏そのものを観見するところの、第九真身観にあるわけで、そこでは、

この観を作すをば一切の仏身を観ずと名づく、仏身を観ずるをもってのゆえに、また仏心を見る。仏心とは大慈悲これなり。無縁の慈をもってもろもろの衆生を摂す。この観をなすものは、身を捨てて他世に諸仏の前に生じ無生忍をえん。（『観無量寿経』真聖全一、五七頁）

と明かすところです。そしてまた、この真身観については、

無量寿仏を観ぜんものは一の相好より入れ。ただ眉間の白毫を観じてきわめて明了ならしめよ。眉間の白毫を見れば八万四千の相好自然に現ずべし。（『観無量寿経』真聖全一、五七頁）

とも明かされて、その真身観は、ついには白毫を観ずることに集約されるといいます。かくして阿弥陀仏の眉間の白毫の一点を観ずるならば、一切の仏身を観ずることとなるとい

うわけです。

善導も、その「定善義」において、「ただ白毫を見ることをうれば一切の衆相自然に現ずるなり」（真聖全一、五二三頁）といい、また日本の源信も、その『往生要集』巻中本において、別相観、総相観に対する雑略観を語って、「もし極略をねがうものは、まさに念ずべし。彼の眉間の白毫の相は施転せることなおし頗梨珠《はれいしゆ》（水晶）のごとし。光明は遍く照らして我らを摂めたまう」（真聖全一、八〇九頁）と説くところです。この阿弥陀仏の白毫を観見するならば、仏身のあらゆる荘厳が自然に現じて、すべてを観見することができるといっております。

かくして、この『観無量寿経』の行道においては、定善の道と散善、念仏の道を説きますが、それらの行道は、すべて観仏（見仏）の道に帰結するものでありました。そのことはこの経名が『観無量寿経』と掲げられ、またその流通分において、この経典の名称を規定して、「観極楽国土無量寿仏観世音菩薩大勢至菩薩（経）」、「浄除業障生諸仏前（経）」と名づけているところにも明瞭でありましょう。

2　聞名往生の道

この『観無量寿経』が、観仏の道を教説したものであることは明らかですが、この経典には、すでに上においてもふれたように、いまひとつ聞名の道についても語るところが見られます。すなわち、その第十の観音観においては、

この観を作すものは諸禍に遇はず、業障を浄除し無数劫の生死の罪を除かん。かくのごとき菩薩はただその名を聞くだに無量の福をうる。いかにいわんやあきらかに観ぜんおや。（真聖全一、五八頁）

と説いて、観音菩薩の名号を聞くだけでも無量の福をうると明かしております。またその下品上生の文においては、

仏名と法名を聞き、および僧名を聞くことをうる。三宝の名を聞きて即ち往生をうる。（真聖全一、六四頁）

と語って、仏・法・僧の三宝の名を聞くならば、その功徳によって浄土に往生することができるといいます。そしてまた、その流通分の文によりますと、

もし善男子善女人、ただ仏の名と二菩薩の名を聞くだにも、無量劫の生死の罪を除く。いかにいわんや憶念せんをや。（真聖全一、六六頁）

と説いて、阿弥陀仏の名号と観音、勢至の二菩薩の名号を聞くだけでも、無量劫の生死の罪を除くことができるといいます。ところで、ここでいう「いかにいわんや憶念せんをや」の「憶念」の内実ですが、すでに上においてもふれたように、『観無量寿経』では憶

念の語はこの一か所だけで、それは観仏、想念を意味していると理解されます。そこでこの「いかにいわんや憶念せんをや」という文は、阿弥陀仏の名号と観音、勢至の二菩薩の名号を聞くという、聞名の功徳だけでも、無量劫の生死の罪が除滅されるわけですから、観仏、想念の功徳は、さらに多大であるということを明かしたものでありましょう。したがって、これらの文からすると、この『観無量寿経』においても、わずかではありますが、観仏の道に対応して、聞名の功徳を語っていることがうかがわれます。

すでに上において見たように、浄土教においては、阿弥陀仏を象徴表現するについて、姿形をもった仏身、仏像として象徴する場合と、言語による仏名、名号として象徴する場合があり、阿弥陀仏に値遇し、それを体験する方法としては、前者の仏身、仏像の場合には観仏の道が説かれ、後者の仏名、名号の場合には聞名の道が説かれるわけです。そこでこの『観無量寿経』では、観仏の道が主流をなしながらも、また同時に、いささかながらも聞名の道が教説されていることは、上に見た〈無量寿経〉の行道との関係も想像されるところで、充分に注目すべきところでありましょう。

3　三心往生の道

ところで、この『観無量寿経』の第十四観、上品上生の文によりますと、もし衆生ありて彼の国に生まれんと願ぜんものは、三種の心を発してすなわち往生す。何らかを三となす。一には至誠心、二には深心、三には廻向発願心なり。三心を具するものは必ず彼の国に生ず。（真聖全一、六〇頁）

と説いて、至誠心、深心、廻向発願心の三心を発起するものは往生をうると明かしています。このことについて、慧遠の『観無量寿経義疏』によりますと、すでに上においても見たところですが、浄土往生の行道に、修観往生の道（定善十三観の道）、修業往生の道（散善三福の道）、修心往生の道（三心往生の道）、帰向往生の道（三輩九品の道）の、四種の道があるといいます。そしてその修心往生の道が、この三心にもとづく道をいうわけです。

そこで善導は、この三心について、その「散善義」に、

まさしく三心を弁定してもって正因とすることを明かす。（真聖全一、五三三頁）

と明かして、それは散善なる三福、念仏の九品往生の行道の前提、用心として必須条件であるといいます。そしてさらに、それは定善にも通摂して、そこでもその行道の必須条件であるといいます。このような定善通摂の発想は、いささか強引すぎる解釈ですが、善導は、その『往生礼讃』に浄土往生の行道を規定して、「安心、起行、作業」（真聖全一、六四八頁）と明かしますが、その安心、すなわち、行業実践の前提、その用心として、この

『観無量寿経』の三心に注目したわけでありましょう。

このような行業の用心、安心としての三心の設定は、すでに曇鸞がその『往生論註』において、三信の思想、すなわち、称名行の根拠、前提としての、「淳心、一心、相続心」の三信心を明かしたものにもとづくものと思われます。そして道綽がそれを承けて、その『安楽集』において、それを「三心」と捉えて、称名行の根拠として必須であるといって、「この三心を具して、もし生まれずといはば、このことわりあることなけん」（真聖全一、四〇五頁）と明かすところです。そこで善導がさらにそれを継承して、その三心を『観無量寿経』の三心に重ねて捉え、その「散善義」に、

三心すでに具すれば行として成ぜざるなし。願行すでに成じて、もし生まれずばこのことわりあることとなし。（真聖全一、五四一頁）

と教説しているところです。その点、この『観無量寿経』では、その三心が単独で浄土往生の正因となると語っているわけで、慧遠もそれを修心往生といいますが、善導は、それを行業、起行（五正行）の前提条件、安心として捉えているところであって、その点は注意すべきことでありましょう。なお法然は、この『観無量寿経』の三心を、そのまま本願文の「至心、信楽、欲生」の三心に重ねて理解したことは、周知のところでありましょう。

五　『観無量寿経』の帰結

以上、『観無量寿経』のおよその組織と、その基本的な性格について概観しましたが、その帰結としては、この『観無量寿経』は、浄土教の行道には、阿弥陀仏を姿形、仏身として象徴表現し、それを観見するという観仏の道と、阿弥陀仏を言語、名号として象徴表現し、その名号、仏の声を聞くという聞名の道がある中、その観仏の道を教説する経典であるということです。

そしてまた、この『観無量寿経』が対象とする人間については、すでに上に見たように、慧遠、吉蔵らは、きわめて高級な菩薩を含むものと理解しておりますが、善導は、定善の道、散善、念仏の道を含めて、すべて在俗の凡夫人と捉えております。この『観無量寿経』の意趣からすればそれが正当でありましょう。そしてここではことに、第十六観の下品下生において、「不善業たる五逆、十悪を作る」（真聖全一、六五頁）ものの往生を語っております。その点、〈後期無量寿経〉において、その第十八願文に「ただ五逆と誹謗正法を除く」（『無量寿経』）と明かすものと矛盾対立するわけで、後世の中国、日本の浄土教において重要な課題となったわけですが、ともあれ、この『観無量寿経』では、〈無量寿経〉

においては排除されていたところの、五逆罪を犯すものさえも摂取するといい、ここには浄土教がめざすところの悪人成仏の思想が、よりいっそう徹底、深化されているところで、『観無量寿経』の特色として充分に注目すべきでありましょう。

そしていまひとつ、この『観無量寿経』の教説をめぐって注意すべきことは、すでに上においてもふれたように、〈無量寿経〉と〈阿弥陀経〉の教説の主題となっている聞名の思想が、ここでもわずかながらうかがわれるわけで、その点、この『観無量寿経』と〈無量寿経〉と〈阿弥陀経〉との関係が、いろいろと想像されるところです。ことにこの『観無量寿経』の中品下生の文には、「法蔵比丘の四十八願」（真聖全一、六三頁）という文も見えて、それが〈後期無量寿経〉の教説を継承していることは明瞭ですが、それ以上のことは不明です。

なおまた、上にもふれたことですが、この『観無量寿経』は、インドで成立したものとは考えにくく、内容的には、中央アジアか中国において作成されたものであろうといわれ、さらにはまた、その叙述の形式において訳語、用語の不統一、ならびにその表現におけるアンバランスなどからして、もともとは各別であった、序分と正宗分の前十三観（定善）と後三観（散善）の教説が、のちに合併、編集されて成立したものではないかともいわれているところで、内容的には多くの問題が残るところです。そういう状況の中で、ここにも聞名の思想が見られるわけですが、その点からすると、この『観無量寿経』と〈無量寿経〉および〈阿弥陀経〉との関連が注目されますが、そのことをめぐっては、現在のところでは、『観無量寿経』の成立史をはじめとする、今後の研究成果を期待するほかはありません。

以上が『観無量寿経』の基本的な教説の帰結であります。

第四章　〈阿弥陀経〉

一　〈阿弥陀経〉の組織とその解説

次に〈阿弥陀経〉について概観するにあたり、まずその組織について見てまいります。そこでその組織、分科について図示しますと次の通りです。

〈阿弥陀経〉の分科・組織表

- 序　分
  - 証信序……「如是我聞」
- 弥陀・浄土の讃歎
  - 略讃……「爾時仏告」
  - 広讃
    - 浄土の荘厳……「舎利弗彼土」
    - 阿弥陀仏の荘厳……「舎利弗於汝」

- 正宗分
  - 浄土往生の行道
    - 浄土願生の勧信……「舎利弗衆生」
    - 聞名信心の道……「舎利弗不可」
    - 来迎往生の益……「其人臨命終」
  - 諸仏の証誠護念
    - 釈迦仏の自証……「舎利弗我見」
    - 諸仏の証誠護念……「舎利弗如我今者」
    - 聞名不退の道……「舎利弗於汝意」
    - 釈迦仏の讃歎……「舎利弗如我今者」
- 流通分……「仏説此経」

・組織表の下に付した経文は『阿弥陀経』〈鳩摩羅什訳〉の文です。

1　序分〈証信序〉

そこで以下、その組織表を中心に、〈阿弥陀経〉の内容について解説いたします。なお鳩摩羅什訳の『阿弥陀経』は、その『サンスクリット本』におよそ符合しますが、玄奘訳の『称讃浄土経』は、別に原本があったとも考えられ、『サンスクリット本』に比べると、付加された部分が多くかなり相違しております。

まずその序分については、一般には証信序と発起序に分けられますが、この〈阿弥陀経〉には発起序はありません。古来、仏教経典の教法の内容とその叙述の形式をめぐって十二種類に分類し、それを十二部経《じゅうにぶきょう》、十二分教《じゅうにぶんきょう》と呼んでおりますが、その中の一つに自説（ウダーナ udāna 優陀那）と呼ばれる形式があり、それは他からの質問や要請をうけることなしに、釈迦仏が自ら進んで教法を語ることを意味します。いまこの〈阿弥陀経〉は、まさしくそういう形式をもった経典で、誰からの請求もないままに、釈迦仏自身の意志で、仏弟子の舎利弗らに向かって、一方的に語られた無問自説の経典であります。したがってここには、その経典が教説された因縁、根拠を説くところの発起序はありません。

ただし、『サンスクリット本』では、その冒頭に、

一切智者に帰命したてまつる。（藤田宏達訳『梵文和訳・無量寿経・阿弥陀経』一五七頁）

という帰敬文がおかれていますが、漢訳本では、『阿弥陀経』、『称讃浄土経』の二本ともに見られません。その点、この文はのちに付加されたものであろうといわれています。このような帰敬文は、〈無量寿経〉の『サンスクリット本』にも見られるものです。

そして次いで、その証信序の内実としては、釈迦仏の説法の成立条件としての六項目、いわゆる信（如是）、聞（我聞）、時（一時）、主（仏）、処（舎衛城の祇樹給孤独園）、衆

（大比丘衆）の六事について説かれます。その舎衛城（シュラーヴァスティー）とは、当時のコーサラ（Kosala）国の首都として栄えておりました。またその祇樹給孤独園とは、当時の舎衛城に住んでいた資産家のスダッタ（Sudatta・須達多）長者が、釈迦仏に帰依し、私財を投じてジェータ（Jeta・祇陀）太子の園林（祇陀林、略して祇園という）を買いとり、そこに新しく建設した精舎のことで、このスダッタは、慈悲の心が深く、多くの貧しく孤独な人々に布施したので、世の人々から給孤独（孤独な人々に食料を給する人）とも呼ばれておりました。そこでその精舎、寺院を、祇樹（祇陀林）給孤独園、略して祇園精舎と呼んだといいます。この寺院の遺跡は、バルランプールの近くにあり、いまは煉瓦の礎石が残るだけですが、もとは七層の建物であったといい、釈迦仏はここで何回も雨安居をすごされたと伝えます。

またその対告衆については、羅什訳の『阿弥陀経』には、仏弟子の舎利弗ら十六名と、文殊菩薩ら四名の菩薩の名前が語られ、『サンスクリット本』はおよそ符合しますが、玄奘訳の『称讃浄土経』にはかなりの相違が見られます。

2　正宗分

そして正宗分については、弥陀・浄土の讃歎、浄土往生の行道、諸仏の証誠護念の三段に区分されます。そこで以下は鳩摩羅什訳の『阿弥陀経』を中心に見てまいります。

（1）弥陀・浄土の讃歎

略　讃

はじめの弥陀・浄土の讃歎については、略讃と広讃があり、その略讃（爾時仏告以下）は、最初に総じて、その浄土を極楽と名づけ、そこにまします仏を阿弥陀仏と号すると明かします。その浄土については、羅什および玄奘訳では、ともに「極楽」と訳していますが、その原語はSukhāvatī（楽しみを有する世界）といいます。そしてその阿弥陀仏については、羅什訳は「阿弥陀」といって、光明無量と寿命無量を合わせて明かし、玄奘訳では「無量寿および無量光如来」と訳しておりますが、『サンスクリット本』では、「アミターユス」（無量寿）と名づけるといいます。

広　讃

次いで広讃（舎利弗彼土以下）として、その浄土を何ゆえに極楽と名づけるかについて、羅什訳では、そこにはいかなる苦悩もなく、ただきまざまな安楽のみがあるから極楽というと明かします。玄奘訳もまた身心の憂苦がなく清浄な喜楽があるからといいます。『サンスクリット本』も、身と心の苦しみがなく安楽のみがあるからだといっております。そして次に、その浄土のさまざまな荘厳について説かれます。すなわち、宝樹による荘厳、宝池による荘厳、天楽妙華の荘厳、化鳥説法の功徳、微風妙音の功徳について明かします。

宝樹の荘厳

まず最初の浄土の宝樹による荘厳（又舎利弗以下）については、羅什訳では七重の欄《らん》楯《じゅん》（石垣）、七重の並木があり、それらは鈴のついた網によって荘飾され、またその大地は金と銀と瑠璃《るり》と水晶の四宝によって荘厳されているといいます。玄奘もおよそ同じです。『サンスクリット本』もまた同じ意趣を明かします。

宝池の荘厳

次に宝池の功徳（又舎利弗以下）については、羅什訳では、そこには金、銀、瑠璃、水晶、硨磲《しゃこ》、赤真珠、瑪瑙《めのう》の七宝によってできている池があり、その中には八種の功徳をもった水が満ちあふれ、その池の底は金の砂が敷かれ、四方の階段は金、銀、瑠璃、水晶によって作られています。そしてまたそこには多くの楼閣が建ちならび、それらもまた七宝によって荘厳されているといいます。そしてその池の中には、青色と黄色と赤色と白色の車輪ほどの蓮華が咲いて、美しく清らかな香がただよっていると明かします。『サンスクリット本』も同様で、玄奘訳もおよそ同じですが、ここでは八功徳水の内容について、澄浄、清冷、甘美、軽軟、潤沢、安和、除疾患、身体増益と明かすなど、細かく解説しております。なおこの八功徳水については、『無量寿経』や『阿閦《あしゅく》仏国経』にも説かれているところです。

天楽妙華の荘厳

次の天楽妙華の荘厳（又舎利弗彼仏以下）については、羅什訳では、極楽の国土では、つねに空中において楽器が自然に演奏されており、その大地は黄金にして、昼夜六回にわたって曼陀羅華《まんだらけ》が雨のように降ってくるといいます。ここでは浄土に昼夜があると説きますが、〈初期無量寿経〉が説く浄土もまた、日、月、星辰を語って昼夜の存在を認めています。そしてその極楽世界に生まれたものは、毎朝いろいろな華を器に盛って、他方世界の十万億の仏たちに捧げ、正午までには帰着して食事をとり、そのあとは行道、散策するといいます。ただし玄奘訳では、音楽のことは説くことがなく、その極楽の大地は黄金であり、光明が無辺であって、昼夜に天華が降るといいます。そして昼夜六回にわたって阿弥陀仏を供養し、また他方世界の諸仏を供養すると明かします。その点、いささかその内容が異なっております。『サンスクリット本』は、およそ羅什訳に重なります。

化鳥説法の功徳

次の化鳥説法の功徳（復舎利弗以下）については、羅什訳では、極楽には、白鵠《びゃくこう》（鶴の一種で白鳥ともいう）、孔雀《くじゃく》、鸚鵡《おうむ》、舎利《しゃり》（羽が黒く脚は黄色で嘴は橙色の鳥で百千鳥と訳される）、迦陵頻伽《かりょうびんが》（雪山に住む鶯に似る鳥で美音鳥、妙声鳥ともいう）、共命《ぐみょうちょう》鳥（人面禽形にして二頭一身の鳥）の六種の鳥が、昼夜六回にわたって妙なる声をだして囀っておりますが、それらはすべて五根（「さとり」に至るための信、精進、念、定、慧の五種の実践徳目）、五力（「さとり」に至るための五種の障害を破る働きのことで五根に重なる）、七菩提分（「さとり」に至るための念（憶念）、択法（正しい選択）、精進（努力）、喜（安住）、軽安（身心安穏）、定（精神統一）、捨（心の平静）の七種の実践徳目）、八聖道（「さとり」に至るための正見、正思、正語、正業、正命、正勤、正念、正定の八種の実践徳目）などの教えの声となり、それを聞くものは、ひとしく仏陀を念じ、教法を念じ、僧団を念じる心をもつこととなります。そしてまた、これらの鳥は畜生に属するものではありません。この極楽世界には、地獄、餓鬼、畜生の三悪道はなく、その名前さえもないからです。これらの鳥は、すべて阿弥陀仏の教えを伝えるために、方便、化現したものにほかなりません。この文にかかわる玄奘訳では、その鳥について十種の鳥名をあげ、『サンスクリット本』では、三種の鳥名を明かしておりますが、そのほかは羅什訳に重なるところです。

微風妙音の功徳

次の微風妙音の功徳（舎利弗以下）については、羅什訳では、極楽世界には、その宝樹の並木やそれを覆う鈴のついた網が、微風に揺れて妙なる音楽が生まれており、それを聞くものは、ひとしく仏陀を念じ、仏法を念じ、僧団を念じることとなります。極楽世界は、このように荘厳され、多くの功徳が満ちていると明かします。『サンスクリット本』もおよそ同じです。ただし、玄奘訳は同じ趣旨ですが、ここではさまざまに潤色増幅されて語られております。以上が、広讃としての浄土の荘厳をめぐる教説です。

光明無量・寿命無量

次いで、阿弥陀仏の荘厳（舎利弗於汝以下）について明かします。羅什訳では、その阿弥陀仏と呼ばれる仏名の由来について、その光明が無量であって、十方の世界を照らして障礙するところがなく、またその寿命も往生人の寿命とともに無量であるところから、その光明無量、寿命無量をあらわして阿弥陀仏と名づけるといいます。このことは、『平等覚経』の第十三光明無量の願、第十四寿命無量の願、第十五眷属長寿の願、および『無量寿経』『如来会』の第十二光明無量の願、第十三寿命無量の願、第十五眷属長寿の願（『サンスクリット本』では第十三願文、第十五願文、第十四願文）にもとづいて説いたものでしょう。そしてこの阿弥陀仏はすでに十劫の過去に成仏したといいます。この十劫成仏とは、〈無量寿経〉において教説されるところであって、この〈阿弥陀経〉が〈無量寿経〉にもとづいて成立した経典であることが知られます。そしてその浄土には、無量の聖衆、往生人が存在するといい、羅什訳では、その人々はすべて阿羅漢《あらかん》の「さとり」をひらいていると語っております。玄奘訳も同じであり、『サンスクリット本』も、およそ羅什訳に重なるところです。

不退転地・一生補処

なおまた、ここでは極楽浄土に往生したものは、すべて阿毘跋致《あびばっち》、初地、不退転地に住すると明かし、またその中の多くのものは、仏道の第五十一位としての、現在の一生を終えるならば、次生には必ず仏の地位に至ることができるという「一生補処」、等覚の位に住しているといい、その数は無量であるといいます。そのことをめぐっては、玄奘訳では

「一生所繫」と訳していますが、同じ意趣であります。また『サンスクリット本』も同じ意味を明かしております。ただし、この〈阿弥陀経〉の後半、のちに加増された部分の「聞名不退の道」のところでは、聞名によって、この現生において不退転地の益をうると明かしております。この〈阿弥陀経〉における論旨の混乱ですが、このことについては改めてのちに考察いたします。なおまた、ここで語られる一生補処の益については、すでに上において見たように、〈初期無量寿経〉の『大阿弥陀経』にはいまだ説かれることがなく、『平等覚経』において、はじめて説かれるところであって、その教説を承けていることが想像されるところです。以上が阿弥陀仏について讃歎した教説です。

（2）浄土往生の行道

次に浄土往生の行道について明かします。この文は、浄土願生の勧信と、聞名信心の道と、来迎往生の益の三段に分かれます。

浄土願生の勧信

はじめの浄土願生の勧信（舎利弗衆生以下）については、羅什訳では、ひとしく極楽浄土に往生すべきであって、もしよく浄土の教法を身にうけた上善の人々は、「倶会一処」

として、その浄土に至って多くの人々と再会することができると説き、玄奘訳も同じ内容ですが、ここでもかなり潤色して説かれており、そこでは「同一集会」と明かしております。また『サンスクリット本』でも、およそ同じ意趣を説いており、その「倶会一処」については、「このような善き人たちとともに会うことになる」（藤田宏達訳『梵文和訳・無量寿経・阿弥陀経』一六四頁）と明かしております。

聞名信心の道

そして次の聞名信心の道（舎利弗不可以下）については、羅什訳では、その極楽に往生するためには、少ない善根、功徳では不可能であるといい、もっぱら「名号を執持」して、その生活の日々において、一心にして乱れないようにすべきであると説いております。ところが玄奘訳では、その名号の執持について、阿弥陀仏の「名号、極楽世界の功徳荘厳を聞くことをえて、聞きおわりて思惟して」と明かしております。その「執持名号」が「聞名思惟」となっているわけです。そこでその『サンスクリット本』によりますと、

かの世尊アミターユス如来の名を聞き、聞いて思念し、一夜、あるいは二夜、あるいは三夜、あるいは四夜、あるいは五夜、あるいは六夜、あるいは七夜の間、散乱しない心をもって思念するであろう（manasikarisyati）ならば、（藤田宏達訳『梵文和訳・無

量寿経・阿弥陀経』一六四頁）

と明かされております。ここでいう「思念」とは manasikāra をいい、それは作意、思念、思惟を意味しております。かくしてこの文は、聞名思念、阿弥陀仏の名号を聞くことによって、思念、そういう心の状態をもつことを意味します。問題は、その manasikāra、作意、思念という心の状態とは、より具体的には、いかなる内実をもつものであるかということであります。ともあれ、そのような思念、心の状態を相続していくならば、その臨終に来迎見仏して、極楽に往生することができるというわけであります。

しかしながら、それについて、善導は、その『往生礼讃』において、この『阿弥陀経』の文を略引して、

もし衆生ありて、阿弥陀仏を説くを聞きてすなわち名号を執持すべし。もしは一日、もしは二日、乃至七日、一心に仏を称して乱れず。命終らんとする時、阿弥陀仏もろもろの聖衆とともに現じてその前にましまさん。この人終らん時、心顛倒せずすなわち彼の国に往生をえん。仏、舎利弗に告げたまわく、我この利を見るがゆえにこの言を説く。もし衆生ありてこの説を聞かんものは、まさに願をおこして彼の国に生ぜんと願ずべしと。（真聖全一、六八三頁）

といい、この経文を、「もしは一日、もしは二日、乃至七日、一心に仏を称して乱れ」ざ

る称名念仏のことであると理解しております。そしてそのことから法然は、その『阿弥陀経釈』に、

執持名号とは、これまさしく念仏を修するなり。（真聖全四、三六六頁）

と明かします。執持名号とは、一心称名、専修念仏を意味するというわけです。

ところが親鸞は、それについて『浄土文類聚鈔』に、

執持名号とは、執というは心堅牢にして移らず、持というは不散、不失に名づく。故に不乱といえり。執持は一心、一心はすなわち信心なり。然ればすなわち執持名号の真説、一心不乱の誠言、必ず之に帰すべし。特にこれを仰ぐべし。（真聖全二、四五三頁）

と語って、その執持とは「不散不失」のことで、「一心」、「信心」を意味して、執持名号とは、真実信心を意味すると主張しております。

親鸞においては、この〈阿弥陀経〉で教説されるところの浄土の行道とは、ひとえに信心の道であって、それは『無量寿経』の第十八願成就文が、「その名号を聞きて信心歓喜せんこと乃至一念せん」（真聖全一、二四頁）と説き、『如来会』の第十八願成就文が、「無量寿如来の名号を聞きて乃至よく一念の浄信を発して歓喜する」（真聖全一、二〇三頁）と語り、その『サンスクリット本』の第十八願成就文相当の文では、「かの世尊アミターバ如

来の名を聞き、聞きおわって、たとえ一たび心を起こすだけでも、浄信にともなわれた深い志向をもって心を起こす」（藤田宏達訳『梵文和訳・無量寿経・阿弥陀経』一〇八頁）と明かすところに、そのまま重なるというわけでありましょう。

かくしてこの『阿弥陀経』における「聞説阿弥陀仏、執持名号」とは、その『サンスクリット本』によるならば、阿弥陀仏の名号を聞いて、思念、思惟することですが、それについて、さらに親鸞の領解からいうならば、思念、思惟とは、信心するということであって、阿弥陀仏の名号を聞いて信心を開発し、それを相続していくということ、聞名信心を意味するといいうるわけで、その点からすれば、『阿弥陀経』が教示する浄土の行道とは、〈無量寿経〉が教説するところの、聞名信心の道に共通するものであったともいいうるところでありましょう。この問題については、改めてのちに考察したいと思います。

来迎往生の益

そして次の来迎往生の益（其人臨命終以下）については、羅什訳では、そのように執持名号（聞名信心）するものは、その命終の時に阿弥陀仏が聖聚とともに来迎し、その利益によって、心が乱れることなく極楽に往生することができると説いております。玄奘訳も、また『サンスクリット本』も、ほぼ同じ内容を教言しているところです。以上において、浄土往生の行道についての教説が終ります。

（3）諸仏の証誠護念

次いで諸仏の証誠と護念について説かれます。ここでは釈迦仏の自証と、諸仏の証誠護念と、聞名不退の道と、釈迦仏への讃歎、という四段が明かされております。

釈迦仏の自証

その最初の釈迦仏の自証（舎利弗我見以下）については、羅什訳では、上の執持名号（聞名信心）の行道の説示をうけて、釈迦仏は、そういう広大な利益がめぐまれるからこそ、この行道を学んで極楽浄土を願生するようにと証明し、勧信していると明かします。玄奘訳も同じ意趣であり、『サンスクリット本』もまた同じように語っております。

諸仏の証誠護念

そしてそれに続く諸仏の証誠護念（舎利弗如我以下）については、羅什訳では、東方、南方、西方、北方、下方、上方の六方世界の諸仏の名前を掲げて、それぞれが阿弥陀仏とその浄土の不可思議なる功徳を讃歎しつつ、あらゆる人々に向かって、阿弥陀仏に対する帰依を勧め、また私たちが一切の諸仏によってつねに憐愍され、加護されていることを説いております。かくして、この経典をのちに明かすように、「称讃不可思議功徳一切諸仏護念経」と呼んでいるわけです。なおこの六方段の文章は、すでに上の第一章序説において明かしたように、もともとの〈阿弥陀経〉の本体には存在せず、のちに付加、加増されたものといわれております。

なおまた、ここでその諸仏について、「広長の舌相をだし、あまねく三千大千世界を覆いて」と明かすものは、もともとは釈迦仏の身体的な特徴としての三十二相の中の一つとして説かれるもので、古代のインド人は、舌が鼻を覆うほど大きいならば、その人の言葉には虚言がないと考えていましたので、釈迦仏の舌は、その顔面を覆うほどに大きかったといいます。そこでいまはその発想を拡大して、十方の諸仏が、広大なる舌をもって、阿弥陀仏の功徳を証誠しているというわけです。それら諸仏の証誠が真実であることを物語るものです。なお玄奘訳では、その六方に、さらに四維《しい》（東南方・西南方・西北方・東北方）を加えて十方の世界となっています。また『サンスクリット本』では、羅什訳と同じように六方世界の諸仏を語っております。かくして、羅什訳では三十八仏を、玄奘訳では四十二仏を、『サンスクリット本』では四十仏を語っているわけですが、玄奘訳については、別に原本があったとも考えられますが、多分にその翻訳にあたって、新たに四維を付加したものではないかとも思われます。

聞名不退の道

次に聞名不退の道（舎利弗於汝以下）については、羅什訳によりますと、この経典は、「一切諸仏所護念経」、一切の諸仏によって、私たちが憐愍され、加護されていることを説いた経典だと名づけられますが、その理由は、諸仏が教説し勧信するところの、あらゆる人々にして、阿弥陀仏の名号とその経典の名前を聞くものは、一切の諸仏によって、加護され、現生において不退転地をうるという利益がめぐまれるからである。だからこそ、人々はひとしく釈迦仏と諸仏の教説を信受すべきであるというわけです。そしてさらに、そのように聞仏名、聞経名にもとづいて、現生に諸仏の加護と不退転地の利益をうるものは、またその必然として、当来、死後に極楽浄土に往生したいと願うものは、ひとしく往生することができると説いております。そのことからすると、この羅什訳の『阿弥陀経』によるかぎり、ここで明かされる行道とは、聞名不退の道として、上に見たところの聞名信心の道に重なるものともいいえましょう。ここでこの一段を、あえて聞名不退の道と呼んだ理由であります。

しかしながら、この部分は、玄奘訳においては、「この経を聞きおわりて」「深く信解を生じ」、その「説の如く行ずるもの」は、不退転地に住すと明かし、いささかその内容を異にしており、また『サンスクリット本』によると、そこでは「この法門の名を聞き」「これらの仏・世尊たちの名を憶持するならば」不退転地に住することとなると説いて、聞名については何ら語ることはありません。そしてここでいう「仏・世尊たちの名を憶持する」とは、称名を意味するとも考えられるところであって、この文の意味するところは、上に見た聞名信心の道とは、大きく差異するところであります。この文が、のちに加増されたものであるところからすれば、その経説の内容に、相違が生まれてくることは当然でありましょう。この問題については、のちに改めて考察することといたします。

なおこの不退転地については、上の「(1) 弥陀・浄土の讃歎」のところでは、不退転地、阿鞞跋致《あびばっち》とは、浄土に往生したものがうる利益であると説いていますが、ここでは現生における利益だといいます。〈阿弥陀経〉における教説の混乱です。この部分が、のちに加増されたということがよく知られます。

釈迦仏への讃歎

そしてさらに、釈迦仏への讃歎（舎利弗如我以下）については、この文章も後世における加増部分で、前の文脈とはまったく相違しております。すなわち、ここでは羅什訳によりますと、釈迦仏が、私が諸仏の功徳、利益について讃歎したように、その諸仏たちが、いま私の功徳、利益について讃えており、釈迦仏は、まことに困難にして希有なる働きを、この罪業深い濁悪の世界の中で成就され、一切の人々を導かれていると語っているが、そのことはまた私自身にとっても、まことに至難なことであったといわれた、ということを明かします。玄奘訳は、ここではかなり長い文章をもって説明しておりますが、内容的には同じ意趣を語っております。また『サンスクリット本』も同様であります。

3 流通分

そして最後に流通分（仏説此経已以下）がおかれます。羅什訳では、その教説が終ると、舎利弗以下、それを聞いていた多くの比丘衆と諸天、人民たちは、歓喜し礼拝して去っていったと説きます。ここでは誰かにその教法を付属するということも語られません。玄奘訳も同じ内容です。『サンスクリット本』もおよそ同じ意趣です。

以上が〈阿弥陀経〉の経説の概略であります。

二　〈阿弥陀経〉における浄土

阿弥陀仏思想、浄土教は、釈迦仏滅後およそ四、五百年経った、紀元一世紀のころに、成立したものであろうといわれております。しかし、そのような浄土教思想は、いかにして萌芽し、生成していったのでしょうか。いろいろな見解が表明されておりますが、その一つに、釈迦仏の舎利、遺骨を祀った仏塔を崇拝し、それを供養してきた、在家信者を中心とする教団を母胎として生まれてきたのではないか、といわれております。

すなわち、釈迦仏が入滅したあと、それに従っていた仏弟子の出家者たちは、その釈迦仏を偉大なる先達者として捉え、その教えにもとづいて、自分たちもまた、釈迦仏と同じ「さとり」の境地をえようと願いました。そこで残された多くの教法を編集して経典を作成し、その教説の解釈と実践をすすめていきました。他方、釈迦仏とその仏弟子たちの生活を支援してきた在家の信者たちは、その舎利、遺骨を分配して仏塔を建立し、それを尊崇し供養しながら、いちずにその釈迦仏の人格を憧憬し、崇拝していきました。そしてその人々は、その仏塔に対する帰依を通して、その釈迦仏は偉大なる救済者であると捉えることとなり、その「さとり」「いのち」は、いまもなお自分たちに働きかけていると考え、その超人化、永遠化がすすめられていきました。そしてそのような方向の中で、空間的には光明無量、時間的には寿命無量なる、新しい仏陀としての阿弥陀仏を感得し、誕生させていったわけであります。事実、〈初期無量寿経〉の『大阿弥陀経』には、一般在家者の行道を誓った第六願文において、浄土往生のための善根、功徳として、「塔を起て寺を作り」といい、「塔を遶り香を焼き、花を散じ灯を燃し雑繒綵《ざつぞうさい》を懸け」（真聖全一、一三七頁）などと説き、またその成就文としての中輩往生の文においても、同じことを明かしているところです。

すなわち、阿弥陀仏の思想は、このような仏塔崇拝集団にかかわる仏教徒、そのような在家信者の意識にもとづいて生成してきたもので、阿弥陀仏思想の原点は釈迦仏にあり、その釈迦仏崇拝の昇華、その深化の中から成立したものであるといえましょう。

そしてまた、その阿弥陀仏の国土、極楽浄土の構想もまた、この仏塔の構造に深く関連しているといわれます。そのことについては、平川彰氏の研究（「極楽浄土のモデルとしての仏塔」平川彰著作集第六巻）に詳細ですが、いまそれによりますと、仏塔の作り方、ないしその供養の仕方については、『律蔵』、すなわち、『四分律』『五分律』『僧祇律』『根本有部律雑事』などに見られるところであって、そこで説かれていることは、『阿弥陀経』に説かれるところの極楽浄土の構造によく重なります。たとえば、極楽には七重の欄楯《らんじゅん》（石垣）があるといいますが「律」の造塔法にも、その欄楯を作ることが説かれております。またそこには七重の行樹《ぎょうじゅ》、並木があるといいますが、それについても、仏塔の左右には木を植えることが指示されているところです。そして『阿弥陀経』では、それらが七重になっているといい、その行樹には鈴のついた七重の羅網《らもう》（網）が覆われて、美しい音楽が奏でられているといいます。ここで七重欄楯、七重行樹、七重羅網などといって、「七」の数が語られますが、これは古代インドでは、「七仏」などといわれるように、「七」が神聖な数字であったところから、そのように説かれたものと思われます。そしてまた極楽には、七宝をもって作られた池があり、さまざまな色の蓮華が咲いているといいますが、仏塔にも、その四方に池を作って、蓮華を育てることを明かしております。この仏塔に池を作るのは、仏塔参拝者のための水浴を目的とするものでありましょう。かくして極楽浄土の構想は、これら現実の仏塔の内実によく重なり、それを巨大化し、理想化したものであることが明らかであります。その点、阿弥陀仏の極楽浄土とは、釈迦仏の遺骨を祀った仏塔をモデルとして語られたものであって、私たちが浄土に往生するという教説については、このような事実を、充分に認識し、領解した上で、私たち一人ひとりのただいま即今の、まことの念仏、信心の内実として、よくよく味解していくべきことでありましょう。

三 〈阿弥陀経〉における行道思想

そこで〈阿弥陀経〉における行道思想については、すでに上において明かしたように、それをめぐって、「浄土往生の行道」（舎利弗不可以下）の文と、「諸仏の証誠護念」（舎利弗於汝意以下）の文の、二か所に見られるところです。

そのはじめの「浄土往生の行道」の文によりますと、すでに見たところでありますが、そこでは羅什訳では、

舎利弗、もし善男子善女人ありて、阿弥陀仏を説くを聞きて、名号を執持すること、もしは一日、もしは二日、もしは三日、もしは四日、もしは五日、もしは六日、もしは七日、一心にして乱れざれば、その人命終の時に臨みて、阿弥陀仏もろもろの聖衆とともに、現にその前にましまさん。この人終らん時、心顚倒せずして即ち阿弥陀仏の極楽国土に往生することをえん。（真聖全一、六九頁）

と説き、また玄奘訳では、

もし浄信あるもろもろの善男子あるいは善女人、かくのごときの無量寿仏の無量無辺不可思議の功徳の名号、極楽世界の功徳荘厳を聞くことをえ、聞きおわりて思惟し、

もしは一日夜、あるいは二、あるいは三、あるいは四、あるいは五、あるいは六、あるいは七、念を繫けて乱れざれば、この善男子あるいは善女人、命終の時に臨みて無量の声聞の弟子菩薩衆、ともに前後に囲繞し、その前に来住して慈悲加祐し、心をして乱れざらしめん。すでに命を捨ておわりて仏の衆会に随いて、無量寿の極楽世界清浄の仏土に生ず。（真聖全一、二四六頁）

と明かします。そしてまた、その『サンスクリット本』では、

シャーリプトラよ、およそいかなる良家の子息や良家の子女であっても、かの世尊アミターユス如来の名を聞き、聞いて思念し、一夜、あるいは二夜、あるいは三夜、あるいは四夜、あるいは五夜、あるいは六夜、あるいは七夜の間、散乱しない心をもって思念するであろう（manasikariṣyati）ならば、かの良家の子息や子女が臨終のときに、かのアミターユス如来は、声聞の僧団にとりまかれ、菩薩の集団に恭敬されて、かの臨終の者の前に立たれるであろう。そしてかの者は心が顚倒することなく死ぬであろう。かれは死んでから、同じかのアミターユス如来の仏国土である極楽世界に生まれるであろう。（藤田宏達訳『梵文和訳・無量寿経・阿弥陀経』一六四頁）

と説くところです。かくして、ここでいう羅什訳の「聞説阿弥陀仏、執持名号（中略）一心不乱」とは、その『サンスクリット本』では、「かの世尊アミターユス如来の名を聞き、

聞いて思念し」「散乱しない心をもって思念する」とあって、その執持名号の原意とは、聞名にもとづく思念（manasikāra）を意味することが知られます。それについては玄奘訳も、「無量寿仏の無量無辺不可思議の功徳の名号」と「極楽世界の功徳荘厳を聞くことをえ、聞きおわって思惟し」、「念を繋けて乱れず」と語るところで、そのことは明らかに、聞名にもとづいて、作意、思念、思惟することを意味するものでありましょう。そしてその思念、思惟とは、すでに上に見たように、親鸞における領解によるならば、信心を意味するものであって、その点からしますと、この〈阿弥陀経〉が教説するところの浄土往生の行道とは、聞名にもとづくところの信心の道であったともいうことができると思われます。

そしてまた、いまひとつの経末の「諸仏の証誠護念」の文によりますと、この文についてもすでに上に見たように、そこでは羅什訳では、

舎利弗、もし善男子善女人ありて、この諸仏所説の名および経の名を聞かんものは、このもろもろの善男子善女人、みな一切諸仏のために護念せられて、みな阿耨多羅三藐三菩提を退転せざることをえん。（真聖全一、七一頁）

と説きます。そして玄奘訳では、

もし善男子あるいは善女人、あるいは已に聞くことをえ、あるいはまさに聞くことを

え、あるいは今聞くことをえん。この経を聞きおわりて深く信解を生じ、信解を生じおわりて、必ずかくのごとく十方面に住したまへる十殑《じつきようが》伽沙《しや》の諸仏世尊の摂受したまうところとなる。説のごとく行ぜんものは、一切定んで阿耨多羅三藐三菩提において退転せざることをえ、一切定んで無量寿仏の極楽世界清浄の仏土に生ぜん。（真聖全一、二四九頁）

と明かします。そしてまた、『サンスクリット本』では、

シャーリプトラよ、およそいかなる良家の子息たちや良家の子女たちであっても、この法門の名を聞き、またこれらの仏・世尊たちの名を憶持するであろう（dhārayişyanti）ならば、かれらはすべて、仏たちにおさめとられる者となり、また無上なる正等覚に対して退転しない者となるであろう。（藤田宏達訳『梵文和訳・無量寿経・阿弥陀経』一六九頁）

と説くところです。この羅什訳では諸仏が讃歎する「阿弥陀仏の名号」と「その経典の名前を聞くものは」、諸仏に護念されて不退転地に住するといって、阿弥陀仏の名号とその経典の名前を聞くものといって、聞名の道を説くわけですが、『サンスクリット本』では、この『阿弥陀経』なる「法門の名を聞き」、そこに説かれている諸仏たちの「名を憶持する」ならば、諸仏に護念されて不退転地に住するといって、明確なる聞名の道ではなく、

聞経と諸仏名の憶持による道を明かすわけです。なおまた、それについて玄奘訳では、「この経を聞きおわりて」「深く信解を生じ」、「説のごとく行ずるもの」は、不退転地に住し浄土に往生するというわけで、その行道の内容について具体的には何ら教示いたしません。かくして、この経末の文章は、上に見たところの聞名往生の道の教説とは、まったく異なった行道を明かしているといわざるをえません。

もともとこの経末の文章は、すでに上に見たように、六方段（十方段）をふくめて、もとの〈阿弥陀経〉の本体としては存在せず、のちにいたって加増されたものと考えられるところですが、その意味においては、この〈阿弥陀経〉で教説されるところの浄土の行道とは、まさしくは上に見たところの、「浄土往生の行道」のところで教説される聞名往生の道であるというべきでありましょう。そしてその点からすれば、この〈阿弥陀経〉の行道も、基本的には、上において見たところの〈無量寿経〉が教説するところの、聞名信心不退、聞名信心往生の道に共通し、それに重層するものであったともいいうるでありましょう。

四　〈阿弥陀経〉の帰結

以上考察したように、この〈阿弥陀経〉の基本的な行道とは、ひとえに聞名往生の道であるということができましょう。かくして、その点からすると、すでに上に見たように〈無量寿経〉の行道もまた、聞名不退、聞名往生の道であったところ、この〈阿弥陀経〉と〈無量寿経〉の両経には、いろいろと共通するところがあるように思われます。今日に至る研究によれば、浄土教思想の誕生、さらにはこの〈阿弥陀経〉と〈無量寿経〉は、およそ紀元一世紀のころ、北西インド地方において成立したものであろうといわれますが、とすれば、この〈無量寿経〉と〈阿弥陀経〉との関係はいかなるものでありましょうか。今日では、〈阿弥陀経〉が〈無量寿経〉に先行して成立したという主張も見られますが、充分に承認されるものではありません。この両経にはかなり共通する部分があるとしても、まったく同じ思想背景をもって、また同じ時代、同じ地域において成立したと考えることは困難でしょうが、もしそうだとすれば、それはいかなる環境、背景をもって成立し、展開していったものでしょうか。そのすべては今後の研究をまつほかはありません。

以上が〈阿弥陀経〉の基本的な教説の帰結であります。

第五章　親鸞における浄土三部経領解

一　浄土三部経の説相

そこで最後に、親鸞における浄土三部経に対する領解をめぐって一瞥いたします。それについて、親鸞は「化身土文類」において、

三経の大綱、顕彰隠密の義ありといえども、信心を彰して能入となす。（真聖全二、一五七頁）

と明かし、また『浄土文類聚鈔』にも、

三経の大綱、隠顕ありといえども、一心を能入となす。（真聖全二、四五四頁）

と語っております。すなわち、この〈無量寿経〉『観無量寿経』〈阿弥陀経〉の浄土三部経には、その説き方、説相について、特別な意味があり、それには顕彰と隠密、顕と隠との二種類の説き方があるといいます。ところで、ここでいう顕彰隠密という語は、親鸞自身

に、

が「釈家の意に依って無量寿仏観経を按ずれば、顕彰隠密の義あり」（「化身土文類」真聖全二、一四七頁）と語るように、もとは善導の「序分義」の文などにもとづいて造語したものと思われます。そしてまた、その意義については、この顕彰とは、もと善導の「玄義分」に、

安楽の能人は、別意の弘願を顕彰す。（真聖全一、四四三頁）

という文の、「顕彰」によったものと思われますが、またその隠密とは、同じ「玄義分」において、その顕彰に対し、

また仏の密意弘深なれば、教門をして暁りがたし。（真聖全一、四四三頁）

と明かしているところの「密意」に重なるものと思われます。しかしながら、もともと天台教学においては、仏教全体の教法を区分するについて、顕教と密教という概念が用いられていたわけで、ここでいう顕彰と隠密、顕と隠ということも、基本的には、親鸞自身が、もともと天台の教学に縁を結んでいたわけで、そういう仏教理解、天台教学の流れにそって捉えられたものと思われます。

そしてまた親鸞においては、その顕彰とは、顕も彰も、ともに「あらわす」ことですが、ことにその顕とは、表に明確に「あらわす」ことであり、その彰とは、裏に隠して、ひそかに内部的に「あらわす」という意味において用いられています。そしてそれについては、

『観無量寿経』については、その「化身土文類」に、

顕というは、すなわち定散諸善を顕し、三輩・三心を開く。しかるに二善・三福は報土の真因にあらず。諸機の三心は自利各別にして利他の一心にあらず。如来の異の方便、忻慕浄土の善根なり。これはこの経の意なり、すなわちこれ顕の義なり。彰というは、如来の弘願を彰し、利他通入の一心を演暢す。達多・闍世の悪逆によりて釈迦微笑の素懐を彰す。韋提別選の正意によりて弥陀大悲の本願を開闡す。これすなわち、この経の隠彰の義なり。（真聖全二、一四七頁）

と明かします。そしてまた、『阿弥陀経』についても、その「化身土文類」に、

『観経』に准知するに、この『経』にまた顕彰隠密の義あり、顕というは、経家は一切諸行の少善を嫌貶して善本徳本の真門を開示し、自利の一心を励まして難思の往生を勧む。（中略）これはこれこの『経』の顕の義を示すなり。これすなわち、真門の中の方便なり。彰というは、真実難信の法を彰す。これすなわち、不可思議の願海を光闡して無碍の大信心に帰せしめんと欲す。まことに勧めすでに恒沙の勧めなれば、信もまた恒沙の信なり、ゆえに甚難といえるなり。『釈』に「ただちに弥陀の弘誓重れるをもって、凡夫念ずればすなわち生ぜしむることを致す」といえり。これはこれ隠彰の義を開くなり。（真聖全二、一五六～一五七頁）

と説いております。いずれについても、顕とは、表に語って明確に「あらわす」ことを示し、彰とは、裏に秘してひそかに「あらわす」ことを意味しています。

その点、親鸞は、「顕彰隠密」といいますが、それは顕説（顕）と隠密（密）というように区分して理解すべきでしょう。かくして、その『観無量寿経』の説相、説き方については、上に引用した文に明らかなように、顕（顕説）の説き方と、彰（隠彰）の説き方の両面があって、その表面的、顕の立場からは、その正宗分において開説されたところの、定善十三観なる観仏往生の道と、散善三観なる三福、念仏の諸善往生の道が、この経典の中心であるけれども、その裏面的、彰の立場からいうならば、それは阿弥陀仏の本願を明かし、他力念仏、真実信心について説示したもので、提婆達多や阿闍世太子がおこしたところの、王舎城における悪逆の事件を縁として、釈迦仏が、その出世の本意を彰わし、また韋提希夫人が、ことに選んで浄土を願うことにより、阿弥陀仏の大悲本願の行道が開示されたわけです。このことこそが、まさしくこの『観無量寿経』において、隠して説かれたところの彰の教えであります。

そしてまた、このような『観無量寿経』の説相に準じて見るならば、『阿弥陀経』にも、このような顕説の説き方と、隠彰の説き方の両面があるといいうるわけで、それについても、上に引用した文に明らかなように、その表面的、顕の立場からは、その正宗分において開説されたところの、善本徳本なる自力念仏往生の道が、この経典の中心であるけれども、その裏面的、彰の立場からは、この『阿弥陀経』の教説の中で、六方（十方）世界の諸仏たちが、その念仏往生の教法について証誠し、讃歎していること、およびその経末に説示されるように、この教法が、世間において難信の教えであるといわれることを根拠として、この『阿弥陀経』が真実であると主張いたします。かくしてここにこそ、この『阿弥陀経』の彰の教えがあるというわけであります。

親鸞の経典理解によれば、このように『観無量寿経』と『阿弥陀経』には、その説相について、顕の立場と隠の立場の二面があるということですが、『無量寿経』の説相については、いかに考えるべきでありましょうか。親鸞は、すでに上に見たように、「三経の大綱」（「化身土文類」真聖全二、一五七頁・『浄土文類聚鈔』真聖全二、四五四頁）について、顕彰隠密、隠顕があるといいますが、実際には、『無量寿経』については、顕（表）の立場と彰（裏）の立場を区分する発想はまったく見られません。むしろ『無量寿経』については、その「教文類」において、それは出世本懐の経典であって、「真実の教」（真聖全二、二頁）であると領解しているわけであり、そこには何らの顕（真実）と彰（方便）の区分はなく、真実の教法、阿弥陀仏の本願の正意が、その全分、そのままに開説される顕の立場において、余すところなく披瀝された経典であると見るべきでありましょう。

二　浄土三部経の宗体

親鸞はまた、この浄土三部経を領解するについて、それぞれの経典をめぐって、宗《しゅう》ならびに体《たい》ということを問題にします。このように経典について、宗と体とを論じることは、中国仏教における経典解釈学の中から生まれたもので、智顗《ちぎ》の『法華玄義』によれば、「宗とは要なり。いわゆる仏の自行因果をもって宗となす」といい、「まさしく実相を指し、もって正しき体となす」（大正三三、八七七頁）といい、また「因果を宗となし、実相を体となす」（大正三三、六八三頁）と明かすところです。かくして、ここでいう宗とは宗致、宗要のことで、その経典の肝要、帰結を意味します。そしてまた、その体とは本質、本体のことで、その経典の根本、骨幹を意味します。そしてこの宗と体との関係については、宗とはその体が具体的に表象された面をいい、体とはそのように表象されたものの本体をいうわけで、それはあたかも、波（宗）と水（体）、扇子《せんす》の要《かなめ》（宗）と骨（体）の関係ともいいうるでしょう。

そこで親鸞は、その浄土三部経の宗体を論ずるにあたって、その『無量寿経』については、その「教文類」には、

ここをもって如来の本願を説いて経の宗致となす。すなわち仏の名号をもって経の体とするなり。（真聖全二、三頁）

と明かし、その『浄土文類聚鈔』には、

如来の本願を説くを経の宗致となす。すなわち仏の名号をもって経の体となすなり。（真聖全二、四四三頁）

と語ります。そしてまた、その『浄土三経往生文類』（略本）では、

大経往生といふは、如来選択の本願、不可思議の願海、これを他力とまふす。これすなわち念仏往生の願因によりて、必至滅度の願果をうるなり。現生に正定聚のくらゐに住して、かならず真実報土にいたる。これは阿弥陀如来の往相廻向の真因なるがゆへに、無上涅槃のさとりをひらく、これを『大経』の宗とす。このゆへに大経往生とまふす、また難思議往生とまふすなり。（真聖全二、五四三頁）

といい、また『愚禿鈔』では、

一に難思議往生は『大経』の宗なり。（真聖全二、四五七頁）

と説いております。親鸞によれば、『無量寿経』の宗、肝要とは、阿弥陀仏の本願であって、それはよりひろげていえば、念仏往生、聞名往生の仏道を歩んで、現生には、正定聚、不退転地に至り、当来には、難思議往生をとげて、無上涅槃の「さとり」をうることだと

いい、その体、骨幹とは、阿弥陀仏の名号であるといいます。すなわち、本願為宗、名号為体というわけです。

そしてまた、その『観無量寿経』については、上に見たように、『無量寿経』の宗とは、阿弥陀仏の第十八の本願であるというところからすれば、その「化身土文類」に、

　無量寿仏観経の意

　至心発願の願　邪定聚の機、双樹林下往生（真聖全二、一四三頁）

と明かすものが、その宗要について示したものと理解されます。そして親鸞は、さらに『浄土三経往生文類』（略本）には、

　観経往生といふは、修諸功徳の願により、至心発願のちかひにいりて、万善諸行の自善を廻向して浄土を忻慕せしむ。また『無量寿仏観経』に、定善散善を分別し、三福九品の諸善をときて、九品往生をすすめしむ、これ他力の中の自力なり。これを『観経』の宗とす。このゆへに観経往生といふ。これみな方便化土の往生なり、これを双樹林下往生とまふすなり。（真聖全二、五四五頁）

といい、また『愚禿鈔』では、

　二に双樹林下往生は『観経』の宗なり。（真聖全二、四五七頁）

と明かしております。かくして親鸞によれば、『観無量寿経』の宗とは、第十九の至心発

願の願であって、それはさらにいえば、定善、散善、三福、念仏九品の自力諸善の仏道を歩み、方便化土に双樹林下往生する道を意味するものでありました。ところで、この『観無量寿経』の体については、親鸞は何も明かしません。ただし、親鸞は、この第十九至心発願の願を「悲願」（「化身土文類」真聖全二、一四三頁）といって、それはもともと阿弥陀仏の大悲にもとづくところの、誓願であると領解しておりますので、その宗は、方便仮門の仏道であるとしても、その体は、真実大悲に属するものであるというべきであり、それはすでに曇鸞が、その『往生論註』の冒頭において、浄土の三部経のいずれもが、「仏の名号をもって経の体となす」（真聖全一、二七九頁）と明かすように、この『観無量寿経』の体は、名号であると捉えるべきでありましょう。ところで、親鸞は、この『観無量寿経』の説相については、顕説の立場と隠彰の立場があって、顕の立場からいえば、定散二善なる自力諸善往生の道を明かしたものですが、彰の立場からいえば、阿弥陀仏の本願なる念仏往生、信心往生の道を説いたものであるというわけです。そこでそのことに、この宗体論を重ねるならば、その顕説の立場からは、その宗とは、自力諸善の道、双樹林下往生の道ですが、その体とは、真実大悲なる名号というべきであり、さらにその隠彰の立場からは、そのまま『無量寿経』と同じく、本願為宗、名号為体といいうることとなりましょう。

そしてまた、『阿弥陀経』については、上に見たところの『観無量寿経』に準じて見る

ならば、その「化身土文類」に、

阿弥陀経の意なり。

至心廻向の願　不定聚機、難思往生（真聖全二、一四三頁）

と明かすものが、その宗要について示したものと思われます。そしてまた、『浄土三経往生文類』（略本）には、

弥陀経往生といふは、不果遂者の誓願によりて、植諸徳本の真門にいる、諸善万行を貶して少善根となづけたり。善本徳本の名号をえらびて、多善根多功徳とのたまへり。しかるに係念我国の人、不可思議の仏力を疑惑して信受せず、善本徳本の尊号を、おのれが善根とす、みづから浄土に廻向せしむ、これを『弥陀経』の宗とす。このゆへに弥陀経往生といふ、他力の中の自力なり。尊号を称するゆへに疑城胎宮にむまるといゑども、不可称不可説不可思議の他力をうたがふそのつみおもくして、牢獄にいましめられていのち五百歳なり。尊号の徳によるがゆへに、難思往生とまふすなり。（真聖全二、五四八頁）

といい、また『愚禿鈔』では、

三に難思往生は『弥陀経』の宗なり。（真聖全二、四五七頁）

と語っています。かくして親鸞によれば、『阿弥陀経』の宗とは、第二十の至心廻向の願

であって、それはさらにいうならば、せっかく念仏の行を選びとりながらも、その聞名、信心を開きえずして自力念仏の道を歩み、方便化土に難思往生することを意味するものでした。またその体については、親鸞は何も語りませんが、この第二十至心廻向の願を「悲願」（「化身土文類」真聖全二、一五八頁）といって、それがまた阿弥陀仏の大悲にもとづくところの誓願であると理解していますので、その宗は、方便真門の仏道であるとしても、その体は、上に見たところの『観無量寿経』と同じく、真実大悲に属し、それは阿弥陀仏の名号にほかならないといいうると思われます。そしてまた親鸞は、この『阿弥陀経』の説相についても、顕説の立場と隠彰の立場があって、顕の立場からいえば、植諸徳本なる自力念仏の道を説いたものですが、彰の立場からいえば、阿弥陀仏の本願なる念仏往生、聞名往生の道を説いたものであるというわけです。そこでこのことに宗体論を重ねていえば、その顕説の立場からは、その宗とは自力念仏の道、難思往生の道ですが、その体とは、真実大悲なる名号というべきであり、その隠彰の立場からは、そのまま『無量寿経』と同じく、本願が宗であり、名号が体であるといいうることとなりましょう。

三　浄土三部経の関係

かくして、この浄土三部経のそれぞれの相関についていいますと、親鸞がその「化身土文類」に、

ここをもって三経の真実は、選択本願を宗となすなり。また三経の方便は、すなわちこれもろもろの善根を修するを要とするなり。（真聖全二、一五三頁）

と明かすように、『無量寿経』の全分と、『観無量寿経』の隠彰の立場、『阿弥陀経』の隠彰の立場においては、真実大悲について教説しているわけであって、そこではともに、阿弥陀仏の本願を宗要とするものであり、三経は見事に一致しているといいえます。しかしながら、他方、『無量寿経』の本願名号、聞名信心の教説に対して、『観無量寿経』の顕説の立場、『阿弥陀経』の顕説の立場においては、『観無量寿経』では、第十九願の自力諸善の道、『阿弥陀経』では、第二十願の自力念仏の道を教説しているわけであって、そこでは三経それぞれが各別であるといわねばなりません。

したがって、親鸞における浄土三部経に対する見方には、その三経は、ついには一致するという見方と、その三経は、それぞれ各別であるという見方の両面があるわけで、その

前者の三経一致と見るところは、この「化身土文類」においては、

ここをもって三経の真実は選択本願を宗となす。（真聖全二、一五三頁）

いま三経を按ずるに、みな金剛の真心を最要となす。真心すなわちこれ大信心なり。（真聖全二、一五七頁）

と明かし、また『浄土文類聚鈔』に、

三経の大綱隠顕ありといえども、一心に能入となす。ゆえに経の始めに「如是」と称す。論主はじめに「一心」といえり、すなわちこれ如是の義を彰すなり。（真聖全二、四五四頁）

と説くところであり、また『浄土和讃』の中の「三経讃」の領解も、その一致の立場について述べたものであります。そして後者の三経をそれぞれ各別と見るところは、「化身土文類」の基本的な立場であり、また『浄土三経往生文類』の主張も、同じように、三経各別の立場に立ったものです。

以上が、親鸞における浄土三部経をめぐる基本的な領解であります。

◎主要参考文献

中村元・早島鏡正・紀野一義『浄土三部経』(上・下)(岩波文庫)
藤田宏達『原始浄土思想の研究』(岩波書店)
藤田宏達『浄土三部経の研究』(岩波書店)
藤田宏達校訂『梵文無量寿経・梵文阿弥陀経』(法藏館)
藤田宏達訳『梵文和訳無量寿経・阿弥陀経』(法藏館)
信楽峻麿『浄土教における信の研究』(信楽峻麿著作集第一巻)
信楽峻麿『真宗教義学原論』上・下(信楽峻麿著作集第六巻・第七巻)(法藏館)

あとがき

これからの真宗学シリーズ⑥以下は、真宗聖典学の部門として、『浄土三部経』『七高僧撰述』『教行証文類』について読解し、もしも可能なれば、『正信念仏偈』『歎異抄』も註解したいものと念じております。この真宗聖典学とは、すでに『真宗学概論――真宗学シリーズ②』「第一章真宗学序説」のところで述べたように、真宗学の解釈部門として、真宗の諸聖典を解釈、註解していく学的営為をいい、その内実は、大きくは『浄土三部経』『七高僧撰述』『親鸞撰述』の三分野に分かれます。

しかしいずれにしても、この真宗聖典学の研究、学習に当っては、その読解について、何よりも徹底した、客観的、科学的な立場からの文献学的研究を基礎としつつ、また同時に、自己自身の信心体験にもとづく全主体をかけたところの、体解的、根源的な解釈が要求されます。そのことは、徹底した客観的、科学的な研究と、まったく主体的、体解的な領解の統合を意味しますが、そのような立場と方法論を異にする両者を統合するということとは、まことに至難なことであり、決してかんたんに成りたつものではありません。しかしながら、真宗聖典学というものは、もともとそのような矛盾した立場にたちながらも、ひとえに親鸞の教言を指針としながら、そしてまた、自己自身の信心体験を主軸としてこそ、よくそれを統合して、それぞれの聖典を読解していくことが可能となるものであります。

そのことは、たとえば〈無量寿経〉について いいますならば、その二十四願文を説く〈初期無量寿経〉の『大阿弥陀経』と『平等覚経』によれば、阿弥陀仏を象徴表現するについては、姿形なる仏身として捉え、また言語なる名号として捉える二種の立場があり、それにもとづいて、その行道については、その仏身の立場からは見仏の道が語られ、その名号の立場からは聞名の道が明かされております。そしてそこでは、不善作悪者なるものは、ひとえに聞名の道においてこそ、よく浄土に往生成仏することができると教説しております。そして四十八願文を説く〈後期無量寿経〉によりますと、その見仏の道が次第に消滅して、もっぱら不善作悪者のための聞名の道が強調されることとなり、そこでは繰りかえして、聞名不退、聞名往生の道が教示されております。〈無量寿経〉における教理の深化、展開によるものであります。

しかもそこでは、その聞名とは、「阿弥陀仏の声を聞く」ことだと語られているところ、真宗の仏道とは、ひとえに阿弥陀仏の私に対する告名（なのり）の声、招喚（まねき）の声を聞くこと、その仏の声を聞いて、確かに仏の生命、その大悲に「めざめ」ていくことに帰結するわけです。すなわち、その「阿弥陀仏の声」を、確かに聞いたといえるような宗教的体験が成立してこそ、それを真実信心というわけです。

親鸞は、そのことを的確に領解しているところで、その「阿弥陀仏の声を聞く」という文を、『教行証文類』に引用して、その「声」に「ミナ」と仮名を付しているところであります。かくして親鸞によって明らかにされた真宗の仏道とは、ひとえにその日々において称名念仏を相続しながら、そこに私にかけられている阿弥陀仏の告名（なのり）、その招喚（まねき）の仏の「声《ミナ》」を、確かに聞くという宗教的体験をもつことにほかなりません。まさしく聞名不退、聞名往生の道です。

親鸞は、そういう〈無量寿経〉が教説するところの真宗の行道を、〈無量寿経〉の諸異本をよく比較考察することにより、またそれをまったく主体的に捉えることにより、その本義を見事に領解したわけであります。そしてその『教行証文類』においては、そのことにもとづいて、真宗の行道が、称名・聞名・信心なる道であることと、そしてまたその信心というものが、まったく主体的、一元論的な、聞名体験、「めざめ」体験であることを論証し、主張しているところです。

しかしながら、今日に至る伝統教学においては、そういう客観的、科学的な文献学的研究をまったく試みることもなく、たんに教団依用の漢訳本『無量寿経』一本のみを取りあげて、それをもっぱら訓詁註釈してことたりるとしてきました。だが今日においては、漢訳本の〈無量寿経〉が五本もあり、また原典としての『サンスクリット本』も存在していて、そこに説かれている阿弥陀仏の本願文も、二十四願文を説くもの、三十六願文を説くもの、四十八願文を説くものがあって、決して一様ではありません。その点、この〈無量寿経〉を読むについては、先ずこれらの諸異本を、たんねんに比較検討することが要求されるところです。そのことなくして〈無量寿経〉の本義を正しく理解することはできません。〈無量寿経〉における文献学的研究が必須であることのゆえんでもあります。そしてまたそれに加えるに、〈無量寿経〉に対する自己の全主体をかけたところの、深い領解が要求されるということは、すでに上において指摘したところであります。今日における聖典解釈が、いかに稚拙であり、不徹底であるかが思い知られて、これからの真宗聖典学の在りようが、厳しく問われてくるところでありましょう。

ここに出版したこの小著は、〈無量寿経〉の原意趣と、それに関連する〈阿弥陀経〉と『観無量寿経』の教理について、上に述べたような方法論にもとづいて、いささか論究し、解明したものであります。そしてそれによって、親鸞没後、七百五十年にして、親鸞によって開顕されたところの、この〈無量寿経〉所説の聞名不退、聞名往生、すなわち、称名・聞名・信心なる真宗の行道が、ここにはじめて明確となり、日の眼を見るに至ったわけであります。

もとよりここに公表した私の論考は、そういう方法論によるところの先人の足跡がほとんどないままに、私なりの手さぐりにもとづく試論にすぎず、しかもまた、浅学にして老化現象のいちじるしい現在の私の能力では、まことに不充分きわまる粗雑なものでしかありません。希くは今後心ある若い真宗学研究者によって、上に述べたような方法論にしたがって、種々に批判、修正されつつ、この浄土三部経の本義が、いっそう明瞭、鮮活に開顕されていくことを、心より念じてやみません。

ところで、いまこうして続刊しております私の著作集『真宗学シリーズ』は、おかげでよく売れているようですが、龍谷大学および大谷大学の某教授らは、学生たちに私の著書はいっさい読んではならないといい、いわゆる禁読令をだしています。私の真宗学は、東西本願寺の伝統教学からは、ことほどさように排斥されているわけです。このことは私が若いころからのことで、私の学問研究は異端であるとして、徹底して弾圧され、排除されて今日に至っているところであります。

しかしながら、今年の三月には、東京の仏教伝道協会から、この私の親鸞思想にかかわる学問研究が、伝統の教団の枠を超えて、新しく大乗仏教の原点にもとづき、近代的な視野から考察解明し、まことの親鸞の意趣を開顕したという功績によって、「仏教伝道文化賞」を拝受し、盛大な祝賀パーティーまで開催していただきました。またこの九月には、日本印度学仏教学会から、長年にわたる学的な功績を讃えて、数少ない「名誉会員」に推戴されるという栄誉にも浴し、まことに恐々縮々の至りに存じております。

京都ではこれほどまでに異端として排斥され弾圧されている私の学問研究が、東京を中心とする日本の仏教学会、仏教界では、このように評価されるということで、東京と京都、一般の仏教界と東西本願寺教団の落差の大きさには、私自身まったく苦笑せざるをえないところです。本願寺教団の首脳者はこの現実をどう受けとめるのか。これでもなお私を異端として排除しつづけるのでしょうか。

まあ私の個人にかかわることはさておいて、このような現在の本願寺教団の保守的、時代錯誤的体質、そしてその伝統教学のここまでの後進性、頑迷固陋性を思うとき、この教団の将来に対して暗澹たる思いを抱かざるをえません。伝統教学はこんな教学をいまなお墨守して、現代の諸思想と充分に対決し、よく真宗の世界性を構築できるのか、またそんな教学をもって次世代の真宗僧侶を養成して、これからの日本の大衆に、また東京の人々に、たしかに親鸞を語り伝えることができると考えているのでしょうか。まことに稚拙きわまる意識というほかはありません。この本願寺教団は、今後いかなる道をたどることになるのか。このままだとすると、その没落、衰退は火を見るよりも明らかでありましょう。

なお最後になってまことに恐縮ですが、このような企画刊行を領承、応援してくださった、法藏館会長の西村七兵衛氏と社長の西村明高氏に深甚なる謝意を表し、またその編集業務を推進していただいた和田真雄氏と岩田直子さんに心より御礼を申しあげます。

二〇一一年一二月八日

信楽峻麿

信楽峻麿（しがらき　たかまろ）

1926年広島県に生まれる。1955年龍谷大学研究科（旧制）を卒業。1958年龍谷大学文学部に奉職。助手、講師、助教授を経て1970年に教授。1989年より1995年まで龍谷大学学長。1995年より2008年まで仏教伝道協会理事長。

現在　龍谷大学名誉教授、文学博士。

著書に『信楽峻麿著作集全10巻』『教行証文類講義全9巻』『真宗の大意』『宗教と現代社会』『仏教の生命観』『念仏者の道』（法藏館）『浄土教における信の研究』『親鸞における信の研究上・下』『真宗教団論』『親鸞の道』（永田文昌堂）『The Buddhist world of Awakening』（Hawaii Buddhist Study Center）その他多数。

真宗聖典学①
浄土三部経　真宗学シリーズ6
二〇一二年五月二〇日　初版第一刷発行

著　者　信楽峻麿
発行者　西村明高
発行所　株式会社　法藏館
京都市下京区正面通烏丸東入
郵便番号　六〇〇-八一五三
電話　〇七五-三四三-〇〇三〇（編集）
〇七五-三四三-五六五六（営業）

印刷・製本　亜細亜印刷株式会社

ISBN978-4-8318-3276-4 C0015